삶이 괴롭냐고
심리학이 물었다

Suffering is Optional

추천의 글 1

　과학 발전과 기술 혁신으로 미래를 내다보기 어려운 이 불확실한 시대에 어떻게 사는 것이 최선일까? 게일 브레너는 이 책에서 과거라는 틀에 묶여 삶을 스스로 제한하고 미래를 걱정하느라 현재를 즐기지 못하는 사람들에게 그 족쇄를 풀 수 있는 구체적인 방법을 제시한다. 이 책은 자신을 보는 관점을 바꾸고, 자신을 믿도록 함으로써 다른 사람이나 환경을 바꾸지 않고도 마음의 평화를 얻고 현재를 충만하게 살 수 있는 길을 안내한다.

_ 낸스 길마틴Nance Guilmartin
『당신, 잠시 멈춰도 괜찮아』 『뭐라 말할 수 없을 때, 마음을 전하는 말』의 저자

　자신이 망가지고 무능한 존재라고 느끼는 사람들은 반드시 읽기를 권한다. 이 책은 자기비판의 고통에서 벗어나고 싶은 사람이라면 누구나 실행할 수 있는 훈련 방법이 담겨 있다. 나 역시 전혀 다른 관점에서 '나'라는 사람을 이해하고 괴로움에서 벗어날 수 있었다.

_ 로리 데셴Lori Deschene
『부처의 작은 일기장Tiny Buddha's Gratitude Journal』의 저자

이 책을 통해 항상 함께 있었지만 그동안 엉뚱한 것을 찾아 헤매느라 알지 못했던 진짜 나 자신을 만날 수 있었다. 지속가능한 평화와 행복을 얻고 싶은 사람에게 이 책은 좋은 친구가 되어줄 것이다.

_ 메리 오말리 Mary O'Malley
『내 안의 가짜들과 이별하기』, 『충동의 선물The Gift of Our Compulsions』의 저자

이 책은 우리가 어떤 상처를 가지고 있든 이미 온전하고 완전하다는 사실을 보여주고, 괴로움은 선택의 문제임을 깨닫게 해준다. 나는 이 책을 내 내담자들과 학생들에게 소개할 생각이다.

_ 에이미 존슨 Amy Johnson
『큰 변화를 일으킬 작은 책The Little Book of Big Change』의 저자

부정적인 생각, 불안, 두려움 때문에 힘들어하고 있는가? 그렇다면 이 책은 당신을 위한 책이다.

_ 아리엘 포드 Arielle Ford
『나는 사십에 소울메이트를 만났다』의 저자

게일 브레너는 우리 자신이 자초한 괴로움으로부터 벗어날 수 있는 치료 원칙과 마음 처방전을 알려준다. 이 책은 대중이 쉽게 접근할 수 있는 심리학 서적으로, 기존의 심리학에서 종종 간과하는 중요한 사실까지 낱낱이 알려준다.

_ 존 프렌더개스트 John J. Prendergast
『인터치 In Touch』의 저자

현대 심리학 이론에는 두 가지 가르침이 있다. 첫째 고통은 피할 수 없다는 것이고, 둘째 고통은 극복할 수 있다는 것이다. 하지만 고통을 어떻게 극복해야 하는지 아는 사람은 많지 않다. 이 책은 삶의 고통에서 벗어나는 방법을 구체적으로 알려준다. 당신이 겪는 괴로움을 해결할 좋은 방법이 없을까 고민했다면 이 책 한 권으로 충분하다.

_ 대런 메인 Darren Main
『요가와 도시 속 신비주의자의 길 Yoga and the Path of the Urban Mystic』의 저자

이 책은 '나는 누구인가?'라는, 우리 인생에서 가장 중요한 질문을 던진다. 저자는 우리가 자신의 참자아를 볼 수 있도록 도와준다. 당신은 집요하게 떠

오르는 자기비판적 사고패턴과 자신을 무능하게 여기는 신념에서 완전히 벗어나게 될 것이다. 무엇보다도 이 책은 자유로운 삶으로 나아갈 수 있는 열쇠를 제공한다. 이 열쇠로 그 문을 열어보지 않겠는가.

_ 샨티 아이노랜더 Shanti Einolander
≪원 더 매거진 ONE the Magazine≫의 편집자

게일 브레너는 우울, 낮은 자존감, 열등감, 죄책감에서 벗어나는 방법뿐 아니라 우리가 왜 이런 부정적인 생각과 감정들을 가지게 되었는지 세밀하게 분석한다. 이 책은 주변에 힘들어하는 누군가를 둔 사람은 물론 이미 높은 자존감과 긍정적인 사고방식을 가진 사람들에게도 유익하다. 나 역시 이 책을 통해 내 안의 평화를 되찾을 몇 가지 지름길을 배웠다. 저자에게 감사한 마음을 전한다.

_ 그레이스 부벡 Grace Bubeck
심리 상담사 겸 명상 교사

추천의 글 2

저는 제2차 세계대전이 끝나고 4년째 되는 해에 태어났습니다. 아버지는 전쟁으로 인한 심각한 외상 후 스트레스와 간질, 알코올 의존증으로 고통받았습니다. 저와 형제들은 새벽까지 이어지는 아버지의 주정과 욕설을 듣고 자랐습니다. 어머니는 결국 세 차례나 자살을 시도했고 제가 사춘기 때 대부분의 시간을 정신병동에서 보내셨습니다. 그사이 저는 마약에 손을 대기 시작했고 경찰에 두 차례 체포되기도 했습니다. 이 때문에 고등학교를 중퇴했죠.

어떻게 보면 삶이란 곧 고통처럼 보이기도 합니다. 인류 역사 전체를 돌아보면 대부분의 사람이 저보다 더 심한 고통을 겪었습니다. 인간이 하는 모든 노력은 이를 극복하고 행복을 성취하는 데 목적이 있습니다.

1968년 여름 어느 날 저녁, 제 인생은 바닥으로 떨어졌습니다. 자세한 내용은 생략하겠지만, 그날부터 저는 마약을 끊기로 결심하고 명상하는 법을 배웠습니다. 그때부터 날마다 적어도 한 시간씩 한 번도 빼먹지 않고 명상을 해왔습니다. 2009년부터는 〈부다 앳 더 개스펌프Buddha at the Gas Pump〉라는 유튜브 채널과 팟캐스트를 운영하고 과학과 비이원성 세미나Science and Non-duality Conference에 참여했습니다. 그러던 중 게일 브레너를 만나게 되었습니다. 그녀는 비이원적 통찰을 기존의 심리학과 통합하는 탁월한 재능이 있었습니다.

여러분도 이 책을 읽어보면 알겠지만 게일 브레너는 우리가 자신을 무가치하고 무능하다고 느끼는 심리 이면에 어떤 진실이 있는지 누구보다 잘 압니다. 그녀 역시 경험한 일이기 때문입니다. 그녀는 책 곳곳에서 자신의 경험을 고백하면서 무가치하지도 않고 무능하지도 않은 참본성을 발견하도록 도와줍니다. 그렇다면 괴로움은 선택의 문제일 것입니다. 우리에게는 언제라도 행복을 느낄 가능성이 열려 있으니까요. 그녀가 제시하는 문제 해결법은 머릿속에 떠오르는 부정적 메시지를 긍정적으로 바꾸라는 것이 아닙니다. 문제의 근원인 거짓된 자아를 해체하라는 것입니다.

자기 자신이 망가지고 무능하고 부족하다고 느끼는 사람들 그리고 삶이 무의미하고 힘들다고 느끼는 사람들은 복권에 당첨되고도 그 사실을 알지 못하는 당첨자나 마찬가지입니다. 당첨된 복권이 서랍 속에 들어 있다는 걸 잊어버리고 근근이 하루를 버티는 격이죠. 사실 지구상의 모든 사람이 복권 당첨자입니다. 우리는 모두 행복하고 의미 있는 삶을 살아갈 역량을 지니고 있습니다. 만약 많은 사람이 그 역량을 제대로 활용한다면 세상이 바뀔 것입니다. 이 책이 당신의 인생을 바꾸는 데 도움이 되기를 바랍니다.

_ 릭 아처 Rick Archer
〈부다 앳 더 개스펌프〉 방송 진행자

삶이 괴롭냐고
심리학이 물었다

Suffering is Optional

게일 브레너 지음 | 이주만 옮김

| 부정적인 사고패턴에서 벗어나는 방법 |

포레스트북스

차례

 1부 고통을 벗어나기 위해서는 무엇이 필요할까

 2부 나로 사는 건 왜 이렇게 힘이 들까

3부   지금 여기에서 행복을 찾을 수 있을까

왜 우리는 이토록 괴로운가

"나 루저 같아." 제 친구 나탈리가 함께 커피를 마시던 중에 한 말입니다. 저는 그녀가 어째서 그런 생각을 하는지 궁금했습니다. 나탈리는 아름답고 재능도 많은 완벽한 사람이었으니까요. 그녀는 그 뒤로도 기대감에 들떠 자신 있게 인생을 계획하다가도 별안간 "난 할 수 없을 거야", "내 뜻대로 되지 않을 거야"라며 부정적인 생각에 사로잡혔습니다.

생각해보면 나탈리가 스스로를 루저로 느낄 만도 했습니다. 자신의 머릿속에서 끊임없이 떠오르는 부정적인 말들을 사실로 믿었으니까요. 나탈리를 보면 생각이 얼마나 강력하게 인생의 방향을 좌우하는지 놀랍기만 합니다.

자기혐오에 빠지기, 자기를 무능하다고 평가하기, 망가진 존재라고 생각하기…. 뭐라 부르든 간에 많은 사람이 이런 고통 속에서 살아갑니다. 우리는 나 자신과도, 다른 사람들과도 화목하게 지내기를 바랍니다. 또 꿈과 희망을 안고 살아갑니다. 머릿속에는 세상에 펼쳐 보이고 싶은 창의적인 아이디어가 가득하지요. 그런데 그렇게 꿈을 꾸다가도 어느 틈에 부정적인 생각이 마음속에 폭풍처럼 들이닥쳐 속삭입니다. "너에겐 그럴 만한 능력이 없어"라고 말이죠. 이런 생각은 꿈을 짓밟고, 우리를 불안하고 초조하게 합니다.

제가 오래전에 그랬듯이 어쩌면 당신도 이런 질문을 던지고 있을지 모릅니다. "이번 생에서 내게 허락된 것은 이것뿐일까? 나는 평생 이렇게 아등바등 살아야 하나?" 당신은 정말로 행복과 평화를 누리며 인생을 즐길 자격이 없는 사람일까요?

우리는 결핍을 강조하는 문화에서 살고 있습니다. 어디를 가든지 '더 노력해야 해', '더 나은 사람이 되어야 해', '더 많이 가져야 해'라는 메시지가 들립니다. 많은 사람이 끊임없이 자신을 질책하며 쫓기듯 허둥지둥 살아갑니다.

어떤 사람은 양육자와의 관계에서 경험한 일들 때문에 자신이 사랑받을 가치가 없다고 결론 내립니다. 어쩌면 '그때 내 인생이 이렇게만 움직였어도 좋았을 텐데…'라며 부질없는 생각을 할지도 모르죠.

하지만 대부분의 사람은 소외감과 상실감을 느끼면서도 행복과 평화를 얻으려는 노력을 멈추지 않습니다. 이처럼 인간이란 상상 이상으로 위대한 존재이며, 놀라울 만한 회복력을 가지고 있습니다. 이제 이 사실을 깨달아야만 합니다. 자신이 전혀 부족한 존재가 아니라고 느끼는 것은 인간의 타고난 권리이기 때문입니다. 과거에 무슨 일을 겪었든, 당신은 여전히 사랑스럽고 완벽한 사람입니다.

사람들은 대개 이 진실을 망각하고 살아갑니다. 이 책을 펼친 당신도 십중팔구 자신이 만들어낸 생각과 감정에 사로잡혀 있을 테고, 그것들이 진짜라고 믿을 것입니다. 자신을 피해자나 실패자로 여기고 감정을 통제하지도 못할 만큼 망가졌다고 생각하겠지요. 이 모든 생각은 당신의 행복에 아무 도움이 되지 않습니다. 그런데도 당신은 이런 렌즈를 통해 세상을 바라봅니다.

자신을 잘못 평가하는 생각과 감정이 겹겹이 당신의 시야를 가리고 있습니다. 그렇다면 어떻게 해야 이 고통에서 빠져나올 수 있을까요? 어떻게 하면 부정적인 생각에 잠식당하지 않고 자신의 가치를 올바로 인식할 수 있을까요?

저는 내담자들 그리고 저 자신을 연구하면서 이 문제를 풀 방법을 찾았습니다. 바로 인생의 가장 근본적인 질문, '나는 누구인가'를 탐구하는 것입니다. 이것이 유일한 해결책입니다. 만약 당신이 스스로를 부족한 사람이라고 생각한다면 자신이 아닌 무언가를 자신이라고 믿고 있는 것입니다. 이것이 지금까지 스스로 하찮은 존재라고 생각한 이유입니다.

이 자아는 당신의 참모습이 아닙니다. 그저 조건화된 생각과 감정(어떤 상황이나 조건에 종속된 탓에 일관되게 형성된 사고나 행동방식 – 옮긴이)으로 만들어진 모습일 뿐이지요. 이런 생각들로 만들어진 자아가 본모습이 아니라면, 당신은 대체 누구일까요?

이 책에서 제시하는 접근법은 고대부터 현대까지 이어지고 있는 비이원론(현상과 실재는 하나이며 참본성 외에는 아무것도 존재하지 않는다는 관점 - 옮긴이)에 근거해 무엇이 가짜이고 무엇이 진짜인지 파악하도록 이끕니다. 이 가르침은 우리가 기정사실로 받아들였던 모든 것을 뒤바꿀 만한 근본적 변화를 요구합니다. 당신이 진실이라고 여기는 모든 것이 그 대상입니다.

당신은 정말로 망가지고 부족한 사람일까요? 그렇지 않습니다. 당신이 자신에 대해 어떻게 생각하고 있든 그것은 실재하지 않습니다. 당신의 삶을 고통스럽게 하는 생각을 사실로 믿지 않아도 되는 이유입니다. 이 책은 당신이 붙들고 있는 정체성, 즉 자신이 결함 있고 모자라다는 생각을 깨부술 것입니다. 이 정체성을 세밀하게 해부하고 나면 진짜 나의 모습은 절대 그렇지 않다는 사실을 깨닫게 됩니다.

자신을 얼마나 부정적으로 보는지와는 상관없이, 당신이 생각하는 자아 이외에 또 다른 무엇이 존재합니다. 우리는 언제든지 괴로움에 빠질 수 있고, 자신이 무가치하다는 생각에 휩쓸릴 수도 있습니다. 하지만 진정한 자신의 모습을 알게 된다면 이런 부정적인 감정과 왜곡된 시각에서 벗어나 새로운 생명력을 얻고 가능성으로 충만한 삶을 살 수 있습니다.

열등감 해소하기

우리가 느끼는 열등감이나 자격지심은 매우 현실적이고 고통스러운 문제입니다. 남들에게 거절당하고 무시당한 기분, 세상에서 상처받고 좌절한 경험은 마음에 접착제처럼 달라붙어 좀처럼 떨어지지 않고 우리를 괴롭힙니다. 저는 이 책을 통해 이런 감정을 해소하는 방법을 제시하고자 합니다.

자기 자신에 대해 품고 있는 부정적인 생각은 힘이 세서 쉽게 당신을 풀어주지 않습니다. 게다가 무척 단단하고 견고한 패턴을 가지고 있지요. 자신을 부정확하게 평가하는 생각들은 대개 어린 시절부터 형성되어 사실로 믿어온 것이기 때문에 그 뿌리가 아주 깊습니다. 하지만 다행스럽게도, 열등감과 자기혐오로 가득한 정체성을 변화시킬 수 있습니다. 이는 혼란스러운 마음이 지어낸 이야기일 뿐 당신의 본질이 아니기 때문입니다.

이 진리를 찾아가는 여정이 너무 어렵게 느껴지더라도 걱정하지 마세요. 그 길을 혼자 걷는 게 아닙니다. 당신이 어떤 과정을 거쳐 자신을 무가치한 존재로 여기게 되었는지 깨닫기까지 제가 함께할 것입니다. 나 자신과 다른 사람, 그리고 세상에 대한 사고방식을 낱낱이 살펴 그것들이 진실인지 확인하는 시간을 가져봅시다. 자기를 부정하는 생각을 걷어내고 편안함과 행복함에 익숙해질 때까지 제가 열렬한 지원군이 되어드리겠습니다.

삶에 대한 근본적인 질문

이 책은 제가 걸어온 과정이기도 합니다. 저는 수십 년 동안 두려움과 자기 의심에 갇혀 지냈고, "너는 형편없어"라고 말하는 내면의 목소리에서 벗어날 길을 찾아 헤맸습니다. 다른 심리 상담사들을 만나 오랫동안 상담을 받기도 했습니다. 하지만 어쩐 일인지 아무리 노력해도 나아지지 않았습니다.

저는 무작정 생각을 긍정적으로 바꾸는 방법 대신 전혀 새로운 방법을 시도했습니다. 바로, 이 순간 저를 구성하는 요소들에 집중하기로 한 것입니다. 그럼으로써 처음 깨달은 사실은 제 머릿속이 스스로를 망가뜨리는 생각으로 가득 채워져 있다는 것이었습니다. 저는 충격을 받았습니다. 그리고 의식하지도 못하는 사이에 제 안에서 불안한 감정이 요동치고 있음을 알게 되었습니다.

그 뒤로 몇 시간 혹은 며칠씩, 그리고 때로는 몇 주일씩 명상에 잠겨 이런 생각과 감정을 관찰했습니다. 그러자 놀라운 일이 일어났습니다. 이런 생각과 감정이 별로 중요하지 않게 느껴졌고, 그중 일부는 제 마음에서 깨끗하게 사라졌습니다.

그리고 일상으로 다시 돌아왔습니다. 많은 것을 내려놓은 뒤 마음이 한결 홀가분해졌지만 제 여정은 아직 끝나지 않았습니다. 어떻게 하면 고통에서 벗어날 수 있는지 좀 더 깊이 탐구해야겠다는 생각이 들었지요.

비이원론에 대해 수많은 연구를 거듭한 결과 생각과 감정 너머에 만물의 근원이자 존재의 바탕이 되는 순수한 의식 상태가 존재한다는 사실을 알게 되었습니다. 그 뒤로 자아 정체성에 대해 더 깊이 파고들었고, 계속해서 저 자신에게 '나는 누구인가?'라는 근본적인 질문을 던졌습니다.

하지만 그 질문에 대한 해답을 찾는 중에도 저는 언제나 저 자신과 다른 사람들, 제가 처한 상황 그리고 과거나 미래에 대해 부정적인 생각을 떠올리곤 했습니다. 이런 생각에 붙들려 있을 때면 의기소침해지고 몸에 긴장감이 생겼습니다.

하루는 날씨가 화창해서 사무실을 나와 고요하고 평화로운 분위기를 즐기며 벤치에 앉아 있었습니다. 그러다 갑자기 생각이란 게 내 몸에 어떤 영향을 미치는지 실험해보고 싶은 마음이 불쑥 솟았고, 생각할 때와 생각하지 않을 때 몸 상태를 비교해보기로 했습니다.

어떤 것을 생각할 때는 몸이 긴장된다는 것이 느껴졌습니다. 그리고 주의를 옮겨 아무 생각 없이 현재에 몰입할 때는 긴장이 풀렸습니다. 이 실험을 몇 차례 반복한 뒤 생각에 빠지면 초조한 마음이 들고, 생각을 버리면 평화가 찾아온다는 사실을 알게 되었습니다.

저는 이 실험으로 얻은 통찰을 일상에 적용했습니다. 일부러 어떤 생각도 하지 않는 습관을 들였고, 그 결과 더 행복해졌습니다. 어떤 생각이 들 때는 거기서 파생되는 나에 대한 한계와 비난, 걱정에 관심을 주지 않았고, 지나간 일에 대해 이렇게 말하거나 행동해야 했다고 자책하는 소리에 신경 쓰지 않았습니다. 이렇게 할수록 스스로 단단해지는 기분이 들었습니다.

마치 뱀이 허물을 벗는 것처럼 제게 두려움을 심어주는 온갖 생각을 벗어버리고 나니 시야가 환하게 밝아졌습니다. 제가 맺어온 인간관계와 현재 처한 상황이 명료하게 이해되고, 몸 안에서 에너지가 흘러나왔습니다. 제 진짜 자아 안에는 '나'라는 못난 사람도, 두려움도, 고통스러운 과거도, 자기를 의심하는 마음도 존재하지 않았습니다.

당신에게 드리는 선물

참자아의 정체를 알게 된 뒤, 이 깨달음을 심리 상담 과정에 적용할 생각에 가슴이 뛰었습니다. 내담자들이 안고 있는 거의 모든 문제는 그들을 괴롭히는 생각들이 사실은 허구임을 깨달을 때 해결할 수 있었으니까요. 저는 내담자들의 문제에 접근하고 상담하는 방법을 바꾸기로 했습니다. 자신에 대한 왜곡된 생각에 사로잡혀 괴로워하는 사람들에게 그 생각에서 벗어나 자유를 얻을 수 있는 새로운 길을 안내하기로 했지요.

이 책은 자책하며 고통을 겪는 것은 당신 자신의 선택이라는 전제에서 출발합니다. 자신이 무능하다는 생각을 믿을 필요가 없습니다. 당신은 과거의 경험이나 부정적인 생각 혹은 감정으로 훼손되지 않는 완벽한 사람이니까요.

이 실재를 알고 나면 자기 생각과 감정, 삶에서 일어나는 상황을 대하는 태도가 송두리째 바뀝니다. 먼저 자신을 제약하는 이야기에 얽매이지 않고 지금 이 순간 일어나는 일에 집중하게 되고, 줄곧 외면해왔던 힘든 기억을 연민의 마음으로 대면할 수 있게 됩니다.

그런데 '나는 부족하고 자격이 없는 사람'이라고 믿으며 괴로운 삶을 살아왔다면 새로운 관점에서 문제를 해결할 가능성에 대해서도 비관적으로 느낄지 모릅니다. 각종 자기계발서를 읽거나 심리 치료를 받는 등 이미 수많은 방법을 시도해보았으나 별반 달라지는 게 없었다면 더욱 그럴 것입니다. '이 책에서 제시하는 방법을 열심히 실천한다고 해서 얼마나 달라지겠어?' 하는 의문이 들지도 모릅니다.

잠시 의심을 거두고, 당신이 스스로 생각하는 것만큼 정말로 못난 사람인지 질문을 던져보기 바랍니다. 아마 자신도 의식하지 못하는 사이에 자기에 관한 엉터리 생각을 사실로 믿고, 거기에 지배당하고 있을 것입니다. 이제 자신을 괴롭히는 자아를 향해 "이제 그만!"이라고 작별을 고하고, 당신 앞에 열린 가능성을 향해 활짝 웃으며 "반가워!"라고 인사할 차례입니다.

저 역시 수년 전에 이 과정을 거쳤습니다. 저를 속박하는 부정적인 생각에서 벗어나고 싶었고, 고통은 받을 만큼 받았다고 생각했습니다. 저는 그동안 갖고 있던 신념을 모조리 던져버렸고, 마침내 저의 진짜 모습을 마주하게 되었습니다. 그 뒤로는 힘든 상황이 닥쳐도 헤쳐나갈 힘이 생겼습니다.

당신에게도 이런 경험이 찾아오리라고 믿습니다. 당신의 거짓 자아가 당신에 대해 무슨 말을 하든지 그것은 진짜가 아닙니다. 당신의 참모습은 강하고 부드러우며 무한한 가능성을 가지고 있습니다.

새로운 삶으로 나아가기

이 책은 이론 편과 실천 편으로 구성되어 있습니다. 1장부터 7장까지는 네 가지 치료 원칙과 다섯 가지 마음 처방전을 소개합니다. 이들 원칙과 처방전은 자신을 망가지고 무능한 존재로 여기는 문제를 해결하는 데 필요한 토대입니다.

치료 원칙을 그대로 따르면 자신에 대한 왜곡된 사고를 걷어내고 진리에 닻을 내리게 됩니다. 다섯 가지 마음 처방전은 부정적인 생각에서 벗어나는 길을 제시합니다. 마음 처방전은 시간과 장소에 구애받지 않으므로 언제든 적용해도 좋습니다. 이 처방전을 꾸준히 실천하면 평화로움 자체인 당신의 참모습을 발견할 것입니다.

8장부터 10장까지는 일상에서 겪는 구체적인 문제를 살펴보고 이를 해결하는 데 필요한 치료 원칙과 마음 처방전을 적용해보는 시간을 가지겠습니다. 여러 사람의 사례를 통해 자신의 과거와 화해하는 방법, 피해의식에서 벗어나는 데 필요한 마음가짐, 두려움을 없애는 방법을 중점적으로 다루겠습니다.

자신이 무능하다고 여기는 자아를 벗어나 그 너머에 있는 놀라운 가능성을 만나려면 이 책을 그저 읽기만 해서는 부족합니다. 적극적으로 실천해야 합니다. 자신을 성찰하면서 치료 원칙과 처방전을 직접 연습하고 실천하도록 곳곳에 마음 일기장을 담았습니다. 이 마음 일기장을 적극적으로 활용할수록 진짜 '나 자신'이 누구인지 더 깊이 알아갈 수 있습니다. 그러면 당신은 거짓 자아가 속삭이듯 무능한 사람도 아니고 망가진 사람도 아니라는 사실을 분명히 알게 될 것입니다.

제가 제시하는 방법들이 어떻게 작동하는지 이해를 돕기 위해 제 내 담자들과 지인들의 사연 그리고 저 자신의 경험을 담았습니다. 이들 사 례를 통해 괴로움에서 벗어나는 일이 특별한 사람들에게만 허락된 것 이 아님을 깨닫길 바랍니다.

자신이 무능하다고 느껴질 때, 일을 망쳐버릴 것 같아 불안할 때, 사랑을 갈구하지만 얻지 못할 때의 고통을 저는 잘 압니다. 하지만 이 런 한순간의 생각들이 당신의 진짜 모습을 가리고 있다는 것도 잘 알 지요. 당신도 저처럼 부정적인 생각들에서 벗어나 그 너머에 존재하 는 찬란한 참자아를 만날 수 있습니다.

자, 이제 여행을 시작해볼까요?

삶이 괴롭냐고
심리학이 물었다   22

Suffering is Optional

1부

고통을 벗어나기 위해서는
무엇이 필요할까

1장

고통과 행복은 연결되어 있다

자신을 결함투성이라고 평가하는 자아 정체성은 삶 전체를 조종할 정도로 강력한 힘을 가지고 있습니다. 자기를 부정적으로 인식하는 사람은 이 생각에 지배당한 채 인생을 살아갑니다. "너는 하찮은 존재야", "너는 사랑받을 자격이 없어"라고 말하는 내면의 소리에 귀를 기울이다 보면 타인의 반응을 지나치게 신경 쓰게 되고, 그에 따라 자신의 가치를 규정하게 됩니다.

내담자인 조의 사례를 들어보겠습니다. 조는 제가 만난 이들 중 손에 꼽을 정도로 유머 감각이 뛰어난 사람입니다. 어릴 때는 남을 웃기는 재능으로 귀여움을 받았다고 합니다. 하지만 어른이 되고부터는 다른 사람을 웃겨야 한다는 압박감이 워낙 심해서 누구를 만나든 마음이 편치 않다고 털어놓았습니다.

조는 어렸을 때 보육원에서 지내며 여러 양부모를 거쳤고, 다섯 살이 되어서야 가족다운 가족을 만났습니다. 어린 시절의 상처로 상실감이 크고 내면이 공허한 그는 이 괴로움을 회피하려고 끊임없이 타인의 반응을 살핍니다. 조가 마음을 놓는 순간은 다른 사람들이 자신을 재미있는 사람으로 인정해줄 때뿐입니다. 하지만 마음의 평안을 얻기 위해 타인의 반응을 계속 살피는 삶은 고단할뿐더러 그 평안은 일순간에 사라져버리기 마련입니다.

괴로움은 삶을 더 나아지게 만든다

부정적인 자아가 한번 형성되면 그 손아귀에서 좀처럼 벗어나기 힘들어집니다. 이 자아가 진짜처럼 보이고 너무나 익숙해서 우리는 미처 의심할 겨를도 없이 자신을 하찮은 사람으로 간주하고 그렇게 받아들이게 되지요.

자신이 결함투성이에 못난 사람이라는 인식에 사로잡혀 있으면, 이 생각에서 벗어날 기회가 있다는 것도 전혀 알지 못한 채 소중한 시간을 모두 흘려보내게 됩니다. 자기에게 실망하고 환멸을 느끼는 동안에는 현재를 제대로 의식하고 충만하게 살아갈 수 있다는 생각을 미처 하지 못합니다. 간절히 바라는 행복이 사실은 멀리 있지 않고 바로 지금 눈앞에 있다는 것도 알아차리지 못하지요. 게다가 당장에라도 행복해질 수 있다는 사실을 알게 되었다 한들 일상에서 그 행복을 어떻게 손에 넣어야 하는지 도무지 알 길이 없을 것입니다.

사실 고통스럽다는 느낌 자체가 일종의 신호입니다. 고통은 자신을 솔직하게 성찰할 기회이기 때문입니다. 일이 뜻대로 풀리지 않는다면 그 현실을 받아들이고 괴로움, 즉 슬픔, 좌절감, 소외감, 자기 안의 갈망을 있는 그대로 수용하고 관찰해야 합니다. 자신을 깊이 들여다보면 조건화된 반응에 균열이 생겨 자신이 아는 현실 너머에 존재하는 가능성을 엿볼 수 있습니다. 이처럼 고통은 우리가 참자아를 발견하도록 이끄는 도구입니다.

저는 내담자들이 용기를 내어 자신의 경험을 직시하고 고통스러워할 때 내심 기쁨을 느낍니다. 얼마나 괴로울지 짐작되고도 남지만, 이는 어둠에서 벗어나 자기를 올바로 인식하는 빛의 세계를 향해 비로소 첫발을 내딛는 일이기 때문이죠. 괴로움의 실체를 마주하고 그것이 자기에게 얼마나 악영향을 끼치는지 인식하게 되면 여태껏 자신이 붙들고 있던 자아가 거짓임을 깨닫는 데 이릅니다. 또 고통스러운 현실 너머에 존재하는 자신의 참모습을 발견하면 다른 사람들의 말에 흔들려 자신을 제약하는 일도 사라집니다.

만들어진 자아가 우리를 흔들 때 이를 끊어내려면, 현재 자신이 무엇을 경험하는지 알아차리는 일이 중요합니다. 무엇을 할지 선택할 수 있는 시간은 과거나 미래가 아닌 '지금 이 순간'밖에 없기 때문입니다. 우리에게는 현재만이 존재하고 지금 이 순간이 영원히 이어질 뿐입니다.

하지만 우리 마음은 과거나 미래로 쉽게 주의를 빼앗깁니다. 그리고 과거의 일에 대한 자의적인 해석과 미래에 대한 부정적인 예측을 쉽게 사실로 받아들이며 자책하고 불안해합니다.

고통을 안기는 생각과 감정이 무엇인지 알아차리고 과거나 미래가 아닌 현재 이 순간에 집중할 때 우리는 진짜 자신의 모습을 만날 수 있습니다. 이를 깨닫고 나면 자신을 부족한 존재로 여기는 자아는 더는 힘을 쓰지 못합니다. 잘못된 자아가 들려주는 이야기는 들을 필요가 없음을 알게 되니까요.

자신의 참모습을 찾는 데 고통이 중요한 역할을 한다는 사실을 알게 되면, 마음에 일어나는 감정과 자신이 처한 환경을 불만족스러운 현실로 받아들이지 않고 부정적인 자아상에서 깨어나는 데 필요한 재료로 삼게 됩니다. 그런데 이를 위해서는 구체적이고 정교한 처방전이 필요합니다. 잘못된 자아가 만들어낸 이야기에 매달려 있으면 제대로 훈련하기가 힘들기 때문이죠.

마음에 일어나는 감정은 너무나 생생해서 우리는 대체로 여기에 기계적으로 반응하게 됩니다. 이런 감정이 자신을 불안하고 초조하게 할 뿐임을 알면서도 이를 제어하기는 쉽지 않습니다.

이런 이유로 저는 네 가지 치료 원칙과 함께 다섯 가지 마음 처방전을 제시하고자 합니다. 치료 원칙은 자신을 제약하는 자아상 너머에 존재하는 실재를 발견하도록 합니다. 부정적인 생각에 사로잡혀 있을 때마다 이를 적용하면 주의를 옮기는 데 도움이 됩니다. 다섯 가지 마음 처방전은 그릇된 자아 정체성에서 벗어나 평화로운 본래의 참자아를 깨닫도록 이끄는 역할을 합니다.

깊은 수렁에 빠져서 도무지 벗어날 방법이 보이지 않을 때 이 원칙을 활용하면 당신이 괴로운 이유를 깨닫게 됩니다. 그리고 다섯 가지 처방전대로 마음을 단련하면 현재에 온전히 집중하고 고통을 벗어날 수 있게 됩니다.

불행에서 벗어나지 못했던 이유

자신이 무능하다는 생각에 매달려 있으면 현재에 집중하지 못하고 고통을 겪게 됩니다. 그럴 때는 네 가지 치료 원칙을 상기해보세요. 걱정과 불안에서 벗어날 수 있습니다. 먼저 지난날의 경험을 찬찬히 들여다보면 자신이 부족하고 망가진 사람이라고 믿게 된 이유를 알게 됩니다. 이를 위해서는 첫 번째 원칙과 두 번째 원칙이 필요합니다.

원칙 1. '나는 부족해', '나는 무능해', '나는 사랑받을 가치가 없어'라는 자아는 부정확한 렌즈를 통해 자신과 타인과 세상을 바라본 데서 형성된 왜곡된 사고체계일 뿐이다.

원칙 2. 자신을 무가치하게 여기는 자아가 아무리 진짜처럼 보여도 이를 믿고 안 믿고는 선택의 문제다. 이 자아를 사실로 받아들일 이유가 없다.

　우리가 어떤 과정을 거쳐 자아상을 확립하는지는 다음 장에서 자세히 다루도록 하겠습니다. 여기서는 먼저 자신을 못난 사람으로 여기는 자아상에서 벗어나는 데 이 두 가지 원칙이 어떻게 작용하는지 살펴보겠습니다.

　지난 경험을 통해 자기 자신에 관해 내린 판단은 시간이 지나면서 뿌리를 내리고 가지를 뻗어 조건화된 사고를 형성합니다. 이 사고패턴으로 자아가 형성되면 우리는 이를 자신의 참모습으로 믿게 됩니다. 마음이 자의적으로 내린 판단에 의문을 제기하지 않고 그대로 믿어버리면 시야가 가려진 채 세상을 살아가게 되는 것이지요.

　조건화된 사고에 익숙해지면 현재 일어나는 일을 알아차리지 못하고 무심결에 흘려버리면서 살게 됩니다. 예를 들어 금연을 시도해본 사람들은 어느 순간 자기도 모르게 담배를 피우고 있더라는 얘기를 합니다. 직접 담배 한 개비를 꺼내 입에 물고, 불을 붙이고 나서 담배를 피웠는데도 그 행동을 전혀 인지하지 못했다는 말입니다.

　만들어진 자아를 별 의심 없이 진짜로 받아들이고 로봇처럼 살면서 얼마나 많은 일을 무심결에 흘려보냈을지 생각해보세요. 잘 살펴보면 우리 마음 어딘가에는 "이렇게 기계적으로 살아가는 삶만이 전부가 아닐 거야"라고 말하는 목소리도 공존합니다. 삶에서 일어나는 일들에 주의를 집중하고 현재에 깨어 있지 않으면 조건화된 사고에 갇혀 인생의 본질을 놓치게 됩니다.

그런데 우리가 내면을 깊이 들여다보지 않는 데는 그만한 이유가 있습니다. 자기 안의 감정을 직시한다는 말은 모든 것에 자신을 드러 낸다는 말이고, 이는 때로 감당하기 힘든 고통을 마주한다는 뜻이니 까요. 내면을 들여다보면 여태 기피하던 상처와 거기에서 도망가려던 나약한 모습까지 들추게 됩니다.

깊이 감추고 있던 괴로움을 발견하고 나면 대다수 사람은 이를 모른 척합니다. 이런저런 일에 매달려 분주하게 살거나, 약물에 의지하 거나, 아니면 세상과 타인이 요구하는 기준을 충족해 사랑받으려고 애를 씁니다. 하지만 모든 행위를 멈추고 그 감정을 온전히 느껴야만 문제를 근본적으로 해결할 수 있습니다.

참자아를 온전하게 인식하려면 익숙해진 습관들을 하나하나 관찰 하는 일이 필요합니다. 자세히 들여다보면 사실은 그것들이 왜곡되어 있을 뿐 아니라 실재를 있는 그대로 보지 못하게 한다는 사실을 알게 됩니다. 자기 안의 모든 감정을 비난하지 말고 기꺼이 수용하세요. 그 러면 자신을 무가치하게 여기는 자아상을 사실로 받아들이지 않아도 된다는 것을 깨닫게 됩니다. 당신은 공허함과 슬픔 속에 살아갈 이유 가 없습니다. 타인에게 끊임없이 인정받아야 할 의무도 없습니다. 이 를 깨닫고 고통에서 벗어나기 위해서는 먼저 괴롭다는 사실을 알아차려야 한다는 것을 명심하세요.

그다음에는 세 번째와 네 번째 원칙을 적용해야 합니다. 이를 통해 자기 생각과 감정에서 벗어나 본질을 살필 때 매 순간 우리 안에 존재하는 평온을 발견할 수 있습니다.

원칙 3. 경험을 구성하는 여러 요소 중에서 어디에 주의를 돌릴지 결정하는
　　　주체는 '나'다.
원칙 4. 우리의 경험은 생각과 감정만으로 구성되지 않는다.

이 책에서는 우리가 주로 어디에 주의를 기울이는지, 또 그에 따라 어떻게 영향을 받는지 집중적으로 살펴볼 예정입니다. 괴로운 생각과 감정에 매달려 살 때 세상은 온통 잿빛으로만 보입니다. 하지만 어디에 주의를 기울일지를 자신이 선택할 수 있음을 깨닫고 나면 눈이 번쩍 뜨이는 경험을 하게 됩니다.

이 방법을 익힌다면 고통과 슬픔에 매몰되지 않고 자기의 감정을 똑바로 마주하면서 따뜻하게 껴안을 수 있습니다. 그리고 당신을 괴롭히는 자아 정체성을 구성하는 요소들을 하나하나 분해하는 과정에서 자기 생각이나 감정과 새로운 관계를 맺고 지금 이 순간을 온전히 경험할 수 있게 됩니다.

두려움에 떠는 결함투성이 자아상이 사라지면 예전에 알고 지내던 나와는 딴판인 본질을 대면하게 됩니다. 어떤 말로도 자신을 규정하

지 않게 되면, 어떤 경계에도 구애받지 않는 광활하고 자유로운 존재가 됩니다. 있는 그대로의 삶을 맞아들이고, 마음의 평온을 찾게 되는 것이지요.

행복에 가까워지는 다섯 가지 방법

앞서 살펴본 네 가지 원칙이 우리가 자신의 본질 안으로 깊이 들어갈 수 있도록 일깨워줬다면, 이제부터 설명할 다섯 가지 처방전은 당신을 최종 목적지까지 인도할 내비게이션입니다. 마음 처방전은 3장부터 하나씩 자세히 다룰 예정이므로, 언제 어떻게 처방전을 적용해 마음을 훈련해야 하는지 구체적으로 배워보시길 바랍니다.

이 훈련에 익숙해지면 내면에서 일어나는 경험을 알아차리고 자신에게 맞는 방법으로 행복을 찾을 수 있게 됩니다. 괴로움이 휘몰아치거나 자신을 향한 가혹한 비난이 자기 안에서 쏟아질 때도 심호흡을 하면서 주의를 가다듬고, 현재를 온전히 즐길 수 있게 됩니다.

혹시 고통에서 벗어나기 위해 타인에게 집착하거나 환경을 바꾸려고 노력하고 있나요? 주변 사람들이나 환경은 '온전한 나'를 발견하는 데 결코 도움을 주지 않습니다. 바깥세상에만 주의를 기울이며 자기 필요를 채우려 한다면 불행한 삶에서 벗어날 수 없습니다. 그러면 어떻게 해야 '온전한 나'를 발견할 수 있을까요? 다섯 가지 처방전을 통해 알아보겠습니다.

마음 처방전 ❶ 자신의 내면을 들여다본다

인간은 본래 안락을 추구하고 고통을 기피하도록 설계되어 있습니다. 또한 현재 경험하는 일에 집중하지 않고 여기저기 쉽게 주의를 뺏기기 마련이지요. 이 오래된 습관을 깨트리려면 근본적인 변화가 필요하고, 그러려면 자신을 올바로 알아야 합니다.

먼저 자신을 괴롭히는 자아가 어떻게 생겨났는지, 이 자아는 어떤 생각으로 힘을 얻는지, 또 우리가 어떻게 행동하도록 부추기는지 파악해야 합니다. 이를 위해서는 경험이 만들어내는 내면의 풍경에 주의를 기울이는 일부터 시작해야 합니다.

마음 처방전 ❷ 나만의 안식처를 찾는다

경험을 향해 주의를 집중하면 내면에서 벌어지는 일을 정확히 알게 됩니다. 먼저 습관적으로 떠오르는 반응에 '일시정지' 버튼을 누르고 괴로움을 생산하는 자아가 들려주는 이야기에서 주의를 돌려야 합니다. 그다음 내면의 감정을 반갑게 맞이하고 호흡에 집중하면서 몸이 느끼는 감각을 알아차려야 합니다. 어떤 생각과 감정이 휘몰아칠지라도 내면에 머물면 언제나 평온을 찾을 수 있습니다.

마음 처방전 ❸ 생각에 관심을 주지 않는다

마음에 떠오르는 부정적인 생각들을 사실로 믿는 순간 괴로움이 시작됩니다. 우리는 이 책에서 모든 것을 탐색하는 자세로 자아가 사용하는 언어의 본질이 무엇인지 관찰할 것입니다. 이로써 당신은 머릿속에서 맴돌던 생각의 정체가 무엇인지 파악하고, 자신을 비판하고 남들과 비교하며 괴로움을 유발하는 목소리의 실체가 무엇인지 알게 될 것입니다. 두려움을 먹고 자라는 생각에 관심 주지 않는 법을 익히면 마침내 평온을 찾게 됩니다.

마음 처방전 ❹ 감정을 기꺼이 수용한다

몸에서 느껴지는 감각을 수용하는 일은 깨어 있는 의식으로 들어가는 관문입니다. 감정 자체가 아니라 감정에 '대한' 이야기에 관심을 주면 괴로운 순간에서 멀어집니다. 역설적으로 들리겠지만 감정에 저항하지 않고 그 감정을 있는 그대로 받아들일 때 비로소 고통에서 벗어나게 됩니다.

마음 처방전 ❺ 참된 집으로 돌아가다

앞의 네 가지 처방전과 달리 다섯 번째는 사실 구체적인 방법은 아닙니다. 네 가지 처방전이 자신을 무가치하고 못나게 여기는 거짓 신념을 자각하는 방법이었다면, 다섯 번째는 고통스러운 생각과 감정이 자신을 규정하지 못한다는 사실을 깨달았을 때 궁극적으로 도달하는 곳을 가리킵니다. 당신은 부족한 사람이 아니며 결코 채우지 못할 욕망의 늪에 빠져 살아야 할 운명을 타고나지도 않았습니다. 이 사실을 깨닫게 되었을 때 비로소 참된 자신의 모습을 만날 수 있습니다. 자기 안에 떠오르는 생각이나 감정을 따라다니지 않고 그것들을 전체의 일부분으로 여긴다면 거기에 더는 지배당하지 않게 됩니다. 자신의 본질인 무한한 평온을 경험하고 나면 다시 세상으로 나아가도 결핍의 이야기에 흔들리지 않고 자신을 따뜻하게 수용할 수 있습니다.

부정적인 사고패턴의 터널 빠져나오기

치료 원칙과 처방전을 함께 적용한다면 자기 자신을 따뜻하게 감싸 안고 긍정적으로 바라보는 법을 익힐 수 있습니다. 이는 삶의 모든 것을 변화시킬 열쇠입니다. 그동안 경험하지 못한 새로운 삶이 당신 앞에 열려 있습니다.

이 방법이 작동하는 원리를 살펴볼까요? 자신이 부정적인 생각에 빠져 괴로워한다는 사실을 인지했다면 먼저 의식적으로 심호흡을 합니다. 부정적인 생각이 나를 지배하고 있다는 걸 알아차렸다면 이미 그 영향력에서 한발 물러선 상태입니다. 그다음 현재의 경험으로 주의를 돌려 생각과 감정, 몸의 감각을 하나하나 살펴보면서 내면에서 실제로 어떤 일이 벌어지고 있으며 무엇이 자신을 괴롭히는지 살펴보세요.

그다음에는 마음에서 일어나는 생각에 관심을 주지 말고 몸의 감각을 있는 그대로 수용합니다. 그러면 부정적인 생각에서 벗어나 고요하고 평화로운 의식을 갖게 됩니다. 이 의식에 집중하면 자신을 무가치하게 여기는 자아와 이전까지와는 전혀 다른 관계를 맺게 됩니다. 또 현재의 순간을 있는 그대로 충만하게 경험하면 더는 왜곡된 신념으로 스스로를 규정하지 않게 됩니다.

만들어진 자아가 하는 이야기를 믿고 안 믿고는 전적으로 우리에게 달렸습니다. 생각과 감정은 관성에 따라 끊임없이 우리를 지배하려 들겠지만, 그럴 때마다 그것을 알아차리되 저항하거나 끌려다니지 말고 있는 그대로 너그럽게 수용해야 합니다.

자신이 못난 사람이라는 생각에 사로잡히면 그런 생각이 구성한 현실을 진실로 믿게 됩니다. 그리고 그 세계에서는 결코 행복을 누릴 수 없습니다. 터널 밖에 다른 세계가 열려 있음을 전혀 인지하지 못한 채 깜깜하고 비좁은 터널을 등불도 없이 걸어가는 것과 같습니다. 어쩌면 당신은 적잖은 세월을 이렇게 지내왔을지도 모릅니다.

지금쯤은 마음이 어떻게 우리를 조종하는지 이해했으리라 생각합니다. 우리 마음은 본래 의심하고 흠을 잡는 데 익숙합니다. 부정적으로 생겨먹은 마음을 긍정적으로 바꾸는 일이 쉽지 않은 이유입니다. 덧붙이자면 마음가짐을 바꾸는 전략은 지속가능한 평안과 행복을 얻을 수 있는 방법이 아닙니다. 하지만 그렇다고 해서 부정적인 마음이 속삭이는 이야기를 모두 사실로 받아들이면 공허하고 무기력하고 낙담한 채로 세상을 살아가게 됩니다. 그런 삶은 아마도 다음과 같은 모습으로 나타나겠지요.

- 나와 관계를 맺은 이들이 실은 나를 이용하려 드는 사람들이라고 생각한다.
- 사람들 앞에서 내 생각을 말하기가 두렵다.
- 모든 일을 민감하게 받아들인다.
- 다른 사람의 인정을 받기 위해 애쓰느라 매일 녹초가 된다.
- 자신의 타고난 능력을 인정할 줄 모른다.

이런 삶에서 벗어나고 싶지 않나요? 당신에게는 자기 자신을 돌보고 이해하며 새로운 방식으로 나아갈 수 있도록 도와줄 안내자가 필요합니다. 이제 네 가지 치료 원칙과 다섯 가지 처방전이 충실한 안내자가 되어줄 것입니다.

이 원칙과 처방전을 적용하면 자신이 늘 부족하다고 생각해 그 결핍을 채우려고 애쓰는 자아의 영향력에서 벗어나게 됩니다. 자기 자신에 대한 고정관념을 넘어설 때 비로소 세상을 자유롭게 살아갈 가능성이 펼쳐집니다. 자신이 어디 하나 뜯어고치거나 개선해야 할 데가 없는 존재라는 사실을 깨닫고 그 자체로 머물며 기쁘게 살아가는 새로운 삶이 열립니다.

괴로운 생각들이 어떻게 자신의 마음을 장악하는지 이해하고, 생각에서 벗어나기 위해 어떻게 행동해야 하는지를 익히면 단 몇 초 만에도 평온한 마음을 되찾게 됩니다. 이 방법으로 꾸준히 마음을 훈련한다면 오랜 세월 당신을 괴롭히던 습관, 즉 자신을 무능하게 여기는 관성적 사고의 힘이 약해집니다.

자기 자신을 못나고 형편없는 존재로 여기는 생각은 마침내 설 자리를 잃고 무너질 것입니다. 자신의 본질을 올바로 이해하면 이 부정확한 평가들을 더는 사실로 받아들일 이유가 없다는 걸 알게 되니까요. 그리고 당신은 영원히 현존하고 충만하게 살아 있으며 밝게 빛나는 본질 안에서 자유를 찾을 것입니다.

인생을 누릴 자격이 없는 것 같다면

고통에서 벗어나 자유로워지고 싶다면 익숙한 환경에서 벗어나는 모험을 감행해야 합니다. 부정적인 생각들을 사실로 받아들이고 살아가다 보면, 행복하지는 않지만 그 환경에 익숙해집니다. 그래서 상황이 바뀌기를 바라면서도, 자기에게 익숙한 방식대로 시간을 보내고 뭔가를 결정합니다. 계속해서 예전과 동일한 패턴으로 자신을 평가하고 타인과 관계를 맺습니다.

어째서 우리는 괴로움만 낳는 삶의 방식을 고집하게 되는 걸까요? 인간의 뇌는 생존을 위해 두려움에 민감하게 반응하도록 설계되어 있습니다. 따라서 자신이 익히 아는 환경에 있을 때 가장 안전하다고 느낍니다. 우리의 마음은 늘 그랬던 것처럼 자기혐오로 가득한 생각들이 떠오를 때 안전하다고 느끼기까지 합니다. 익숙하기 때문이지요. 또 새로운 의식을 경험하기를 두려워합니다. 남들과 자신을 비교하고 위축되는 기분에 익숙해진 나머지 자신이 자신감 넘치는 사람으로 바뀌고 주도권을 잡게 되면 어찌 될지 무서워하지요.

어쩌면 자신이 행복과 만족을 누릴 자격이 없다고 느낄지도 모릅니다. 자신을 무가치하게 여기는 자아는 "네까짓 게 뭐라고 행복해질 생각을 하는 거야?"라고 스스로 비난합니다.

이런 패턴에서 벗어나려면 근본적인 변화가 필요합니다. 지금까지와는 전혀 다른 방식에 발을 들이는 것이지요. 당신이 이미 망가졌다고 오도하는 자아가 존재하지 않는다고 생각해보세요. 그러면 다른 사람에게 인정받기 위해 애쓰거나 사랑받지 못할까 봐 전전긍긍하는 일도 없을 것입니다. 해봤자 안 될 거라고 부정적으로 예측하고, 나 같은 건 중요하지 않다고 스스로 비하하는 일도 없을 것입니다. 인간관계를 맺는 방식 자체가 달라지면 삶이 어떻게 바뀔지 상상해보세요. 거짓을 말하는 자아가 존재하지 않는다면 전혀 다른 눈으로 자기 삶의 가능성을 바라보게 되고, 익숙한 환경에서 벗어나 가능성으로 충만한 삶을 누릴 기회가 생깁니다.

새로운 삶에 발을 들이는 일이 두렵게 느껴지나요? 생각해보세요. 자기를 부정적으로 평가하는 사고방식이 힘을 잃고 사라지면, 그래서 나 자신이 부족하거나 망가진 존재가 아니라고 확신하게 되면 당신은 다른 사람들과 어떤 식으로 관계를 형성하게 될까요? 외롭고 쓸쓸한 감정이 사라지면 당신의 몸과 마음은 어떻게 달라질까요? 자기 자신을 혹평할 일이 없어지면 마음은 어떤 생각으로 채워질까요?

내담자인 수잰의 사례를 들어보겠습니다. 그녀는 슬픔과 실망, 두려움에 압도되어 괴로워하는 일이 많았습니다. 저는 그녀에게 이런 감정들이 운전대를 잡게 하지 말라고 조언했습니다. 자동차 뒷좌석에 그것들을 내려놓고 스스로 운전대를 잡고 앞으로 나아가는 모습을 상상해보라고 했습니다. 제 말에 그녀는 눈을 휘둥그렇게 뜨고 이렇게 말하더군요. "감정에 휘둘리지 않는 내 모습이 어떨지 상상조차 안 돼요." 이처럼 새로운 '나'가 되어 이전과 다른 말을 하고, 감정을 느끼고, 생각을 하고, 행동을 한다는 건 모두 불편하고 낯설게 느껴질 수밖에 없습니다.

오랫동안 함께했던 부정적 자아가 무너지면 자기 자신이 매우 낯설게 느껴집니다. 어떤 기분을 느껴야 하고 어떤 사람이 되어야 하고 어떻게 행동해야 하는지 알려주는 로드맵 같은 것은 없기 때문입니다. 제가 해줄 수 있는 조언은 불편함에 익숙해지라는 것입니다. 어떤 기분을 느낄지 어떻게 행동해야 할지 알지 못해도 괜찮습니다. 이제 당신은 전에 없던 새로운 가능성 앞에 서 있는 것입니다.

두려움과 부정적인 생각은 당신이 바라는 마음의 평안을 얻지 못하게 방해할 뿐입니다. 그러니 이런 생각이 마음에서 일어날 때 그 존재를 알아차려야 합니다. 그리고 바로 그 순간 자신의 참모습을 만나는 일에 전념해야 합니다.

이리저리 끌려다니는 삶과 이별하기

낡은 사고방식을 벗어던지고 미지의 세계로 뛰어드는 일은 짜릿합니다. 마침내 자기 자신을 제약하는 부정적인 생각들과 이별하고 새로운 공간에 머물기로 한 것이니까요.

익숙한 사고패턴이 사라지고 나면 어떤 일이 일어날까요? 당신이 그동안 주로 했던 일, 그러니까 과거나 미래를 돌아보고 자책하고 걱정할 일이 없어지면 이 순간 마주한 상황을 순순히 받아들이고 올바르게 반응하게 됩니다.

분주한 마음에 신경 쓸 일이 없어지면 그동안 간과했던 욕구가 마음속에 자연스럽게 일어나는 것을 자각하게 됩니다. 이를테면, 자연 속에 머물거나 보살핌이 필요한 누군가에게 도움을 주고 싶은 마음이 생길 수도 있습니다. 인생의 우선순위를 바꾸고 싶은 마음이 생기기도 하고 잠시 쉬고 싶어지기도 하겠지요.

내담자 조시는 지나칠 정도로 수다스러운 사람이었습니다. 그녀는 제 요청에 따라 천천히 자신의 내면을 살펴보고 나서 곧바로 자신이 어떤 상태였는지 깨달았습니다. 그녀는 침묵을 견디지 못하고 그 여백을 말로 채우려 하는 자신의 성향 때문에 식구들이 힘들어한다는 사실을 알게 되었고, 그 뒤로 말수를 줄였습니다. 그러자 그녀 안에 숨어 있던 욕구가 떠올랐습니다. 그것은 다른 사람들의 말을 더 경청하고 싶은 마음이었습니다. 이처럼 머릿속에 떠오르는 생각에 이끌려 다니는 삶이 얼마나 불행한지 깨달을 때 평화로운 삶을 받아들일 여유가 생깁니다.

어떤 생각은 불행하고 절망스러운 현실을 더 크게 부각합니다. 하지만 생각에 끌려다니지 않는 사람은 언제나 자유롭고 마음이 열려 있습니다. 한마디로 삶의 모든 가능성을 수용할 준비가 되어 있습니다.

삶을 수용하고 지금 이 순간에 온전히 머문다는 것은 괴롭게 지내는 삶을 끝내고 다른 이들과 조화를 이루며 자연스럽게 살아가는 삶을 의미합니다. 이러한 변화를 응원하는 차원에서 저는 당신에게 한 가지 실험을 권합니다. 바로 완벽한 사람이 된 것처럼 살아보라는 것입니다(실제로 당신은 그러한 존재이기 때문입니다). 무한한 가능성이 펼쳐진 공간에서 사람들을 만나면 무슨 말을 할지 혹은 어떻게 행동할지 상상하고 실행해보세요. 뜻한 일이 마음먹은 대로 안 될 수도 있고 실수할 수도 있지만 그럴 때마다 마음을 추스르고 다시 시도해봅니다. 당신이 활기가 넘치고 아름다운 사람이라는 사실, 즉 무가치한 존재라고 믿는 자아에 가려져 있는 본질을 드러낼 때 세상이 어떻게 반응하는지 경험해보세요.

다음 장에서는 우리가 형성한 '자아'라는 것이 무엇인지 깊이 살펴보겠습니다. 어째서 우리는 자신이 무가치하다고 믿게 되었을까요? 또 어떤 이유로 자신의 본질을 잃어버리고 잘못된 자아를 형성하게 되었을까요? 이 질문들에 대한 답을 찾는 여정이 될 것입니다.

빈칸에 "내가 정말로 원하는 것은 무엇인가?"라는 질문에 대한
답을 적어봅시다. 이 질문이 마음 깊이 새겨지도록 곰곰이 되새
긴 다음, 적어도 5분 정도 시간을 들여 천천히 기록합니다. 이제
당신은 의식 깊은 곳에 있는 자신을 들여다보기 시작했습니다.

2장

자신의 한계를 규정하지 않는다

내담자 멜리사는 상담을 시작하자마자 현재 자신이 처한 상황에 대해 불평을 쏟아냈습니다. 그녀는 병에 시달리고 있었고, 자신과 대화하기를 꺼리는 딸 때문에 힘들어했습니다. 이런 상황은 스스로 통제할 수 있는 일이 아님에도 모든 일이 자기 뜻대로 되지 않는다며 괴로워했죠.

저는 조심스럽게 멜리사가 겪는 감정을 함께 들여다보면서 마음을 진정시켰습니다. 몇 차례의 상담이 끝나자, 그녀는 현재 자신을 괴롭히는 것의 실체가 무엇인지 알아차렸습니다. 다른 사람들을 챙기느라 정작 자신을 돌보지 못해 피로가 쌓일 만큼 쌓인 데다, 애정에 굶주려 있으며 타인의 관심을 어느 때보다 절실하게 바라고 있다는 사실을 깨달은 것입니다.

멀리사의 문제는 '내 역할은 남을 돌보는 것'이라고 규정한 데에서 비롯되었습니다. 그리고 이 사실을 인정하고 나서야 비로소 왜곡된 생각을 무시하고 가슴속에 숨겨진 감정을 직시할 수 있었습니다.

당신도 '나는 다른 사람들의 필요를 채워줘야 하는 사람이야', '목표를 이루지 못하면 가치 없는 사람이 되고 말 거야'라고 생각하고 있지는 않나요? 이 장에서 우리는 이와 같은 자아 정체성이 무엇을 의미하는지 그 본질을 조명하려 합니다.

우리는 어떤 과정을 거쳐 자아를 형성하게 될까요? 자아 정체성이 무엇을 뜻하는지, 그리고 어떤 이유로 부정적인 자아에 사로잡히는지 깊이 이해할수록 거기서 벗어나는 길을 찾을 수 있습니다.

억지 긍정은 도움이 되지 않는다

자아는 조건화된 생각과 감정으로 구성된 자기 자신에 대한 의식이나 관념을 뜻합니다. 대부분의 사람은 이를 자기와 동일시합니다. 이 자아가 남들에게 거절당하거나 비난받을까 봐 불안해하고, 남들과 비교하며 부족한 점을 찾아내고 절망하지요. 내면이 특히 공허한 이들은 인정을 받으려면 다른 사람이 요구하는 대로 자신을 맞춰나가야 한다고 생각하기도 합니다.

우리를 지배하는 '만들어진 자아상'을 파악하는 데 유용한 원칙 중
첫 번째는 다음과 같습니다.

원칙 1. '나는 부족해', '나는 무능해', '나는 사랑받을 가치가 없어'라는 자아
    는 부정확한 렌즈를 통해 자신과 타인과 세상을 바라봄으로써 형성
    된 왜곡된 사고체계일 뿐이다.

사람들은 감정과 신념이라는 렌즈를 통해 세상을 바라보며 모든
일을 해석합니다. 왜곡된 관점에 사로잡힌 사람은 마치 눈에 희뿌연
막이 낀 것처럼 세상을 제대로 보지 못합니다. 이렇게 형성된 자아를
그대로 수용하면 평생 고통받게 됩니다.

그렇다면 우리가 거짓 자아상에 사로잡혀 있을 때 참된 자아는 어
디에 있을까요? 부정적인 감정이 폭풍처럼 휘몰아칠 때 머릿속에 떠
오르는 생각대로 끌려다니면 그 생각 말고 다른 생각은 할 수 없게 됩
니다. 하지만 언제나 또 다른 무언가가 존재합니다. 이를 깨닫는 데
필요한 두 번째 원칙을 살펴보겠습니다.

원칙 2. 자신을 무가치하게 여기는 자아가 아무리 진짜처럼 보여도 이를 믿고
    안 믿고는 선택의 문제다. 이 자아를 사실로 받아들일 이유가 없다.

거짓 자아에서 벗어나 평화를 되찾으려면 이 자아가 과연 무엇인

지, 우리에게 어떻게 영향을 끼치는지 제대로 알아야 합니다. 나를 괴롭히는 부정적인 생각이 '진정한 나'가 아님을 깨닫는 것만이 자아상에서 비롯하는 고통을 해결할 유일한 길이기 때문입니다.

제 지인 바버라의 감정은 자녀들이 보이는 성과와 행동거지에 따라 하루에도 몇 번씩 오르락내리락합니다. 그 때문에 아이들에게 성공과 출세를 강요하고, 아이들이 버릇없이 굴면 스스로 사랑받을 가치가 없고 쓸모없는 사람이라고 느낍니다. 또 그들이 못된 짓을 해도 따끔하게 야단치지 못하고, 오히려 비위를 맞추려고 애씁니다. 지나치다 싶을 정도로 사교육을 많이 시키기도 하지요. 바버라는 아이들을 신경 쓰느라 한시도 마음 편할 날이 없습니다.

가치관과 신념이 어떻게 삶을 제한하는지 보이나요? 바버라는 스스로 새로운 삶의 선택지를 봉쇄하고 있습니다. 만약 그녀가 아이들의 취향을 존중하며 그들이 보여주는 성과를 자신의 안정감을 찾는 수단으로 삼지 않는 사람이라면 어떨까요? 그렇다면 아이들이 실수하거나 잘못을 저질러도 그 일로 자존감이 낮아지는 일은 없을 겁니다. 자기 자신, 그리고 엄마로서의 역할을 즐기며 살게 되겠지요.

그런데 자신이 못났다고 생각하는 사람에게 자꾸 이야기한다고 해서 한번 형성된 자아상이 단숨에 바뀌지는 않습니다. 이런 조언이라면 이미 시중에 수많은 책이 쌓여 있습니다. 그 책의 저자들은 자기를 더 사랑하라고, 우리는 이대로도 충분한 사람이라고 강조합니다. 또 그런 식으로 생각하는 법을 배워야 한다고 목소리를 높이죠. 사람들은 책에서 시키는 대로 거울 앞에 서서 '난 아무 문제가 없어', '나는 성공할 거야'라며 별로 가슴에 와닿지도 않는 긍정의 말을 되뇌곤 합니다. 하지만 이 방법은 근본적으로 잘못되었습니다. 잘못된 자아상을 기정사실로 받아들인 뒤 그 자아상을 수정하거나 고치는 것일 뿐이니까요.

만들어낸 자아상 자체가 거짓이므로 이를 아무리 좋게 고치려고 해봤자 자신이 바라는 무한한 평안을 누리지 못합니다. 밑 빠진 독에 물 붓기와 마찬가지죠. 문제의 본질은 다른 데 있습니다.

자아를 개발하려고 애쓰는 사람들은 결국 '만약 내가 이렇게 한다면 꿈꾸는 일이 이루어질 텐데'라며 분명하지 않은 사실만을 기대하는 인생을 살아가게 됩니다. '내가 지금보다 더 노력한다면, 그리고 긍정적으로 생각한다면 언젠가는 행복해질 거야'라고 생각하며 행복을 유예하곤 하죠.

하지만 행복이란 '미래의 어느 시점에 획득하는 특정 상태'가 아닙니다. 행복은 언제나 지금 이 순간 여기에 존재합니다. 앞서 말했듯이 우리가 형성한 자아상은 협소하고 부정확합니다. 이 문제의 해결책은 그 자아상을 고치거나 미래의 어느 시점에 바뀌기를 바라는 게 아니라 그것이 허구임을 깨닫고 무엇이 진짜인지 찾는 것입니다.

행복을 얻는 방법을 찾느라 애써 노력할 필요가 없습니다. 자신을 불행하게 하는 고통스러운 생각과 감정에 주의를 기울이지 않으면, 진짜 자아는 언제나 완벽한 상태임을 깨닫게 됩니다. 이미 내면에 존재하는 흠이 없고 온전한 본래의 자아를 발견하면 해결되는 문제인 것이지요.

우리는 만들어진 자아를 사실로 받아들이고 허상을 실재하는 것으로 착각합니다. 하지만 조건화된 사고가 무엇인지 안다면 이 착각에서 벗어나 진정한 자아를 찾을 수 있습니다.

내담자인 에마는 저와의 상담 시간에 진짜 자아를 발견하는 경험이 얼마나 강력한 힘을 발휘하는지 실감했다고 이야기했습니다. 자신이 어떤 상황에서 감정의 변화를 느끼는지 일주일 동안 면밀히 살핀 결과, 진정한 내면의 목소리가 무엇인지 알아차리게 되었다고 합니다. 그다음에는 조건화된 사고패턴이 떠오를 때마다 그 내용을 관찰했고 더는 그런 생각들에 휘둘리지 않게 되었지요.

그녀는 머릿속에 떠오르는 생각을 또렷하게 들여다보고 자신이 느끼는 감정을 받아들이면, 어떤 상황에서든 관성적인 생각의 손아귀에서 벗어날 수 있음을 깨달았습니다. 자신의 삶이 앞으로 어디까지 달라질 수 있는지 그 가능성을 엿본 그녀는 흥분을 감추지 못했지요.

잘못된 자아 개념을 사실로 받아들이는 일은 괴로움을 초래하는 원천입니다. 이번 장의 목표는 이 자아상이 어떻게 만들어지고 유지되는지 이해하고, 이 허상을 포착하는 것입니다. 거짓 자아를 알아차리고 나면 그 자아는 더는 힘을 쓰지 못합니다. 이를 깨닫게 되면 언제 어느 때라도 진짜 자신의 모습을 되찾을 수 있습니다.

과거의 경험이 자아에 미치는 영향

과거에 무슨 일을 경험했든 당신은 그 자체로 완벽한 사람입니다. 이 말이 무슨 뜻인지 간단하게나마 바로 확인해볼까요? 당신이 성장하면서 겪은 모든 사건을 당신에게서 빼보세요. 그러니까 양육자와의 관계에서 경험한 것, 타인과의 관계를 통해 형성한 자기 정체성, 자기 자신과 세상 그리고 타인과의 관계에서 갖고 있던 신념까지 모조리 지워보는 겁니다. 무엇이 남아 있나요? 그 자리에는 여전히 당신이 남아 있을 것입니다. 이처럼 당신의 참자아는 어떤 일을 겪어도 사라지지 않습니다.

이번에는 자라면서 겪은 사건을 다시 합쳐보세요. 양육자와의 관계, 주변 사람들이 당신에 대해 했던 말들을 모두 더해 자아상을 그려봅니다. 그 순간 생생하게 살아 있던 존재감은 곧 어디론가 숨어버리고 이 모든 경험과 생각이 곧 당신 자체로 보입니다. 어떻게 이런 일이 일어났을까요?

아직 뇌가 발달하지 않은 어린아이에게 세상은 몸의 감각을 통해 느껴지는 지각의 총합입니다. 당신 역시 어린아이였을 때 눈으로 보고, 귀로 듣고, 혀로 맛을 보고, 코로 냄새를 맡고, 손으로 감촉을 느끼면서 세상을 경험했습니다. 말이 통하지 않아도 눈을 반짝이며 주변 사람들과 정서적 유대를 형성하려고 했겠지요.

우리 몸은 생존 본능을 타고납니다. 갓난아기가 생존 욕구를 채우기 위해서는 타인에게 전적으로 의존할 수밖에 없습니다. 예를 들어, 아기는 배고픔이 느껴지면 생존에 대한 위협으로 인지하고 시끄럽게 울면서 관심을 끌고 혹시나 생리적 욕구를 채우지 못할까 봐 무서워합니다. 누군가 먹을 것을 주기 전까지 극도로 스트레스를 받지요. 생존에 필요한 영양분을 얻고 나서야 비로소 긴장을 풀고 만족감을 느낍니다.

생존에 필요한 기본 욕구가 충족될 때 아기는 안정과 신뢰를 쌓아나갑니다. 자기가 내는 울음소리가 양육자의 반응을 끌어내는 신호라는 사실을 깨우치고, 양육자가 자신의 기본 욕구를 인정하고 채워줄 때 그를 신뢰하게 되지요. 또 그에게서 방치되지 않으리라 믿고 안심합니다.

이번에는 양육자가 아기에게 제대로 반응하지 못하는 상황을 그려볼까요? 어떤 까닭인지 모르지만 마음이 닫혀버린 양육자는 아기에게 주의를 기울이지 못합니다. 이때 아기는 생존에 위협을 느끼게 됩니다. 만약 이런 상황이 자주 반복되면 아기는 공포와 불안감에서 벗어나지 못하거나, 공포심에서 자신을 분리해 심리적으로 무감각한 상태가 됩니다. 전자가 되었든 후자가 되었든 이 공포는 몸에 각인되고, 자기가 처한 상황을 합리적으로 이해할 판단력이 없는 아기는 두려움과 공포를 내면화하게 됩니다. 결국 세상으로부터 자신을 과도하게 방어하고, 회복 능력마저 상실해버리지요.

이번에는 시간을 돌려 청소년기를 살펴볼까요? 청소년기에는 어른들이 자기를 돌보지 않으면 자기에게 어떤 문제가 있는 건 아닌지 의문을 품습니다. 양육자의 관심을 받지 못한 청소년은 자신이 사랑받을 가치가 없는 존재라고 인식하게 되고, 그 좌절감을 어떻게 해결해야 하는지 몰라 혼란에 빠집니다. 이런 자아에 사로잡힌 아이는 행동 하나하나에서 자신을 하찮게 여기고 있음이 드러납니다. 어깨를 늘어뜨리고 고개를 푹 숙인 채 걷고 다른 사람과 관계를 맺을 때면 '나 같은 애를 좋아할 리가 없어' 하는 식으로 행동하죠. 아니면 허기진 사람처럼 자기 욕구를 채워줄 대상을 찾아다니기도 합니다.

내가 왜 힘든지 알아야 한다

우리는 어떤 일이 벌어질 때 이에 대한 반응으로 자연스럽게 여러 감정을 느낍니다. 또 이를 상대가 받아줄 때 나의 가치를 인정해준다고 느끼죠.

양육자가 아이의 요구나 감정에 적절히 반응한다면 아이는 '감정을 표출해도 괜찮다'는 아주 중요한 사실을 배우게 됩니다. 이를 깨달은 아이는 자라면서 감정에 휘둘리지 않는 방법을 배웁니다. 감정은 영원히 지속되지 않으며, 그것이 자신의 본질까지 규정하지 않는다는 사실을 알게 되지요. 반면에 어떤 감정을 솔직하게 드러냈다는 이유로 양육자에게 거절당하고 비난을 받았다면 감정에 대처하는 방법을 깨닫지 못하게 됩니다.

내담자 마이클은 유년 시절에 울다가 부모에게 크게 야단을 맞은 뒤로 감정을 억누르게 되었습니다. 또 다른 내담자 트레이시도 비슷한 일을 겪었습니다. 감정을 표출했을 때 어머니가 며칠씩 말도 붙이지 않고 쌀쌀맞게 대하자 그 후로는 마음이 상하는 일이 생기면 그것을 드러내지 않고 혼자 미친 듯이 옷가지를 정리하는 습관이 생겼습니다.

감정은 자기를 다정하게 반겨줄 곳이 없으면 우리의 의식이 알아차리지 못하는 영역으로 숨어버립니다. 이렇게 숨어버린 감정은 진짜나 자신과 분리된 자아를 키우지요. 우리는 감정을 부정하고 억압하는 한편, 혼자만의 방법으로 이를 처리하면서 본심과 다른 표정을 지으며 살아갑니다. 이로 인해 때로 자신도 이해하지 못할 선택을 하게되지요. 분리된 자아를 안고 살아가다 보면 불행해지기 마련입니다.

감정을 가만히 들여다보지 않고 머릿속에 떠오르는 생각대로 이끌리면 진짜 자신을 잃어버리기 쉽습니다. 자신이 만들어낸 자아가 들려주는 이야기에 주의를 빼앗겨 참자아에 내재하는 평화를 누리기는커녕 그 존재를 알아차릴 여유조차 없으니까요.

내 안에 어떤 감정이 일어나든 이를 따뜻하게 껴안으면 모든 것이 바뀝니다. 매 순간 자신의 마음을 깊이 들여다보며 분리된 자아에서 비롯하는 괴로움을 알아차려야 합니다. 이를 인정하고 가만히 관찰할 때 비로소 거기에서 자유로워집니다.

감정이 무엇이고 그것을 수용하는 일이 어째서 중요한지, 또 어떻게 직시해야 하는지 구체적인 방법에 관해서는 6장에서 자세히 다룰 예정입니다. 우선 다음 질문에 답하면서 스스로 만들어낸 '나의 이야기'를 살펴보는 시간을 갖겠습니다.

- 성장기 경험을 통해 인생에 관해 내린 결론은 무엇입니까?
- 타인을 신뢰합니까? 그렇지 않다면 어떤 경험 때문에 타인을 불신하게 되었습니까?
- 신뢰 혹은 불신, 둘 중 어떤 것이든 이 생각은 당신의 실생활에서 어떻게 나타나고 있습니까?
- 부정적인 사건들을 경험하기 이전의 당신은 어땠는지 생각해봅시다.

인생은 실망스러운 일로 가득합니다. 우리가 살아오면서 겪은 사소한 일들만 봐도 알 수 있지요. 그런데 자신의 마음이 왜 아픈지 정확히 이해하고 적절히 보듬지 않으면 슬픔과 고통이 내면화되고, 자신의 능력을 스스로 제한하는 비관적인 신념이 형성됩니다.

만들어진 자아에 균열이 생기기 전까지는 대부분의 사람이 이 같은 신념을 아무 의심 없이 사실로 받아들입니다. 그러면서도 내심 이렇게 사는 게 전부는 아닐 거라며 절박한 마음으로 행복을 찾으려 합니다. 변변찮고 불안한 지금의 삶보다 틀림없이 뭔가가 더 있을 거라고 믿으면서 말이죠.

인간은 생존 본능을 지닌 동물로서 자신을 하나의 개체로 인식합니다. 동시에 진짜 나와는 또 다른 자아를 구축하지요. 하지만 이 자아는 참자아가 아닙니다. 스스로 만든 이야기에 주의를 빼앗기면 참자아가 지닌 무한한 본질을 보지 못합니다. 이 이야기가 만들어낸 망상에서 깨어날 때 '진정한 나'를 경험할 수 있습니다. 어떤 신념이나 가치에 매이지 않고 생생하게 살아 숨 쉬는 참자아를 만나게 되는 것이지요. 이 자아를 발견하면 고통에서 벗어날 수 있습니다.

거짓 자아로 살고 있다는 증거

숨겨진 참자아를 발견하려면 만들어진 자아가 하는 생각과 감정을 깊이 이해하는 작업이 필요합니다. 그런데 먼저 자신을 제약하는 신념을 가지고 있는지 어떤지를 어떻게 확인할 수 있을까요?

이를 위해서는 매 순간 자신의 경험을 세세히 알아차려야 합니다. 당신이 만약 마음이 평온하고 자유로운 상태라면 아무 문제가 없지만, 이어서 설명하는 특징 중에 하나라도 겪고 있다면 자신에 대한 부정적인 생각에 사로잡혀 있을 가능성이 큽니다. 이제 이 생각들을 끊어내야 합니다. 당신이 거짓 자아로 고통받을 때 나타나는 미묘한, 혹은 두드러진 증상 몇 가지를 살펴보겠습니다.

강박 사고

만들어진 자아에 사로잡혀 있지만 이를 인지하지 못할 때 우리는 끊임없이 뭔가를 생각하고 알아내려 합니다. 하지만 자신 있게 결정을 내리지 못한 채 불안하고 초조하기만 하지요. 만약 당신이 이 같은 심리 상태를 보인다면 현재 조건화된 사고에 매여 있으며 그 정체가 무엇인지 관찰한 적이 없다는 신호입니다.

만들어진 자아는 항상 당신에게 뭔가 잘못되었다고 말합니다. 가령, 당신이 다른 사람들의 관심을 받아야 자신의 존재감을 확인하고 안심하는 사람이라고 해봅시다. 다른 사람들의 관심이 부족하다고 느끼면 뇌는 신경체계에 곧바로 위험 신호를 울립니다. 그리고 신경체계는 이를 해결하기 위해 싸우거나 도피할 태세를 갖춥니다. 머릿속은 지금 무슨 일이 일어나고 있는지 또 어떻게 대처해야 하는지 알아내려고 분주합니다. '나를 무시하면 견딜 수 없어', '그 사람이 나에게 관심을 갖게 하려면 어떻게 해야 할까?' 하면서 말이죠.

생각이 전개되는 과정을 자각하지 못하면 머릿속에 떠오르는 대로만 끌려다니게 됩니다. 이미 익숙할 대로 익숙해진 강박 사고는 특정한 불안 상황에서 자꾸 반복적으로 떠오르고, 멈추고 싶어도 맘대로 되지 않습니다.

강박 사고에 빠져 있을 때 놓치는 것은 무엇일까요? 잠시 생각을 멈추고 그 너머로 주의를 기울여보세요. 지금 이 순간에 주의를 집중하면 자기 자신을 온전하지 못하다고 여기는 사고패턴은 힘을 잃게 되고, 나아가 생각할 필요조차 느끼지 못하게 됩니다. 현재의 순간에 머물면 그 자체로 당신이 흠 없고 온전하게 느껴집니다.

'나'를 기준으로 하는 생각

만들어진 자아에 사로잡혀 있을 때 떠오르는 생각은 대부분 '나'에 관한 이야기입니다.

'그 일이 나를 슬프게 해', '나는 두려워', '나는 그 일을 하기에는 부족해', '그 사람이 나를 좋아할까?', '그 사람이 나에 대해 한 얘기 때문에 마음이 아파'라며 끊임없이 자신에 대해 생각하죠.

당신은 자신이 만들어가는 영화의 주인공이며, 그 안에서 찬란한 조명을 받으며 살아갑니다. 하지만 실재를 있는 그대로 보지 못하면 이야기는 왜곡되기 마련입니다. 지금 자신에게 부족한 것과 행복해지려면 필요하다고 생각하는 것들, 즉 욕구와 필요는 당신의 시야를 가리는 장막이 됩니다. 이 장막에 덮이면 자의적인 잣대, 그러니까 '나는 하찮은 사람이야'라든가 '사람들에게 관심을 받지 않으면 나의 가치가 없어지고 말 거야'라고 생각하며 타인의 반응을 해석합니다. 세상을 이렇게 바라본다면 작은 일에도 상처받고 실망하기 마련이지요.

이 괴로움을 해결할 열쇠는 경험 자체에만 주의를 기울이고 자신을 찬찬히 들여다보는 것입니다. 자신이 부족하고 무능하다고 말하는 수많은 생각, 자신이 중요하고 옳다는 관념. 이것들이 곧 '나'일까요? 그렇지 않습니다.

몸과 마음이 경험하는 요소를 모두 온전히 받아들일 때 자신을 무능하게 여기는 자아 정체성의 본질을 제대로 이해할 수 있습니다. 이 자아가 진실을 있는 그대로 말하고 있지 않음을 깨닫는 순간 '나'에 관해 스스로 만들어낸 이야기는 사라지기 시작합니다. 진짜 '나'를 자각하고 자기를 제한하는 이야기에서 벗어난다면 평안을 되찾고 열린 자세로 삶의 가능성을 수용하고 경험하게 됩니다.

이처럼 우리는 '나'를 중심으로 한 생각, 또 그 생각 때문에 일어나는 감정에 신경을 쏟습니다. 그리고 좀처럼 거기에서 벗어나지 못합니다. 자신을 안전하게 돌보고 싶은 욕구 또는 결핍을 채워야 한다는 의무감 때문에 항상 노심초사하고, 긴장하고, 불안해하고, 신경을 곤두세웁니다.

생각과 감정의 속박에서 풀려나면 지금보다 훨씬 더 멋진 삶을 맞이하게 됩니다. 상대에게 공감할 줄 알고, 자신을 방어하려 들지 않고, 꼭 뭔가를 보상받지 않아도 창의성을 발휘하게 되지요. 자신의 욕구와 필요에 시야가 가려져 있을 때보다 주변 상황과 사람들을 명료하게 이해하기도 합니다. 요컨대, 이럴 때 우리는 행복을 느낍니다.

외부에서 결핍을 채우려는 마음

거짓 자아에 사로잡혀 자신에게 부족한 뭔가를 채우기 위해 끊임없이 외부로 눈길을 돌리고 있나요? 자신을 하찮게 여기는 자아는 스스로 행복에 필요한 것들이 결핍된 가여운 사람이며, 그 필요를 충족하려면 타인에게 의존할 수밖에 없다고 생각합니다. 따라서 이 자아를 믿으면 다른 사람이 그 필요를 채워주기를 무기력하게 기다리게 됩니다. 이런 삶을 살면 결코 행복해질 수 없습니다. 거짓 자아의 포로로 지내는 한 당신의 욕구나 필요는 절대로 채워지지 않습니다.

결핍을 채우고 싶다면 외부가 아니라 내부로 주의를 돌려야 합니다. 자기 안에 있는 문제의 핵심을 들여다보세요. 모든 문제는 부정적인 감정을 불러일으키는 생각을 사실로 받아들이는 데서 발생합니다. 이 생각이 당신의 본질을 제약하지 못하게 하려면 이를 구성하는 요소가 거짓임을 깨달아야 합니다.

자신이 모자라다는 생각에서 벗어나 본질을 깊이 들여다보면 한계가 없는 무한함이 펼쳐집니다. 이 무한함에 주의를 집중하면 그동안 경험한 모든 것이 전체의 일부에 불과하다는 사실을 깨닫게 되고, 궁극적으로는 내부와 외부의 구분이 존재하지 않는다는 것을 알아차리게 됩니다. 전체에서 분리된 '나'라는 자아는 허상일 뿐이며 실재하지 않습니다. 따라서 당신은 완벽한 사람이고 어떤 일에도 흔들리지 않으며 영원불변합니다. 이 사실을 깨닫고 경험하는 순간 온전함을 찾아 헤매던 여정은 마침내 끝이 납니다.

조건화된 습관

분리된 자아에 사로잡혀 세상을 살아간다면 현재 일어나는 일들을 있는 그대로 의식하지 못합니다. 그렇다고 해서 생활이 불가능하다는 뜻은 아닙니다. 조건화가 형성되면 의식이 깨어 있지 않은 상태에서도 생활에 필요한 일을 수행하며 살아갈 수 있습니다. 일터에 나가 맡은 역할을 해내기도 하지요. 하지만 실제로는 매 순간 일어나는 생각과 감정, 감각을 알아차리지 못한 채 기계처럼 지내고 있을 뿐입니다. 이런 사람은 끊임없이 뭔가를 선택하면서도 이를 자각하지 못합니다. 조건화된 습관에 따라 자동으로 반응하며 살고 있기 때문입니다.

이 방식이 굳어지면 자신을 아끼지도 않는 사람과 연애하길 반복하면서 매번 상처를 받고, 성공의 기회가 올 때마다 자기도 모르게 자신의 앞길을 방해합니다. 이런 일들은 매번 동일한 패턴으로 반복해서 일어납니다. 그전과 똑같이 느끼고 똑같이 행동하고 똑같은 결과를 얻는 것이지요. 만나는 사람도 다르고 하는 일도 다른데 어째서 결과는 매번 똑같은지 신기한 노릇입니다.

이 패턴을 장악하는 힘은 무엇일까요? 삶의 속도를 줄이고 내면에 집중하면 수많은 신념과 감정, 감각이 당신에게 영향을 미치고 있음을 알아차리게 됩니다. 이 영향력을 깨닫고 나면 조건화된 사고와 습관에 휘둘리지 않게 됩니다. 오래된 사고패턴이 소멸하면 자기 자신과 타인은 물론 자신이 처한 상황을 새로운 관점에서 바라볼 수 있습니다. 그리고 자신이 직면한 문제를 헤쳐나가는 지혜를 가지게 됩니다.

조건화된 사고패턴이 미치는 영향을 의식하는 연습을 해봅시다. 빈 종이에 자신을 무언가로 규정하는 특정한 생각이나 신념 혹은 끊임없이 떠오르는 생각이 있으면 모두 적어보세요. 10분 정도 시간을 내서 이 생각이 자신을 어떻게 제약하는지 기록한 뒤, 기록한 내용에 다음과 같은 특징이 나타나는지 살펴보세요.

□ 강박 사고
□ '나'를 기준으로 하는 생각
□ 외부에서 결핍을 채우려는 마음
□ 조건화된 습관

스스로 만든 이야기에서 벗어나기

내담자 질은 빼어난 미모와 지성을 겸비한 40대 여성입니다. 그녀는 성장 과정에서 오랜 기간 성적 학대를 받았습니다. 어린 시절의 질이 위안을 얻을 수 있는 유일한 장소는 집 근처 들판이었습니다. 힘들 때면 집에서 뛰쳐나와 가장 친한 친구인 강아지와 함께 그곳을 배회하곤 했습니다.

질은 어렸을 때 입은 정신적 외상을 깊이 덮어둔 채 매사에 자신을 방어하고 지나치게 예민하게 반응하며 자라왔습니다. 자신이 느끼는 괴로움을 회피하느라 애먼 사람들에게 분노를 쏟아내기도 했죠. 또 일을 하다가도 여건이 조금만 나빠지면 중도에 포기해버리고 경력을 스스로 망가뜨리곤 했습니다. 게다가 주변에 있는 이들이 모두 그녀의 능력을 알아봐 줄 때도 자기 재능을 인정하려 들지 않았습니다. 사람을 신뢰하지 못하다 보니 연인과의 관계도 항상 오래가지 못했습니다. 이 모든 문제는 질이 자신의 상처를 들여다보고 직시한 뒤 해결되었습니다. 만약 그녀가 이런 행동방식의 기저에 있는 요인을 파헤치고 자신이 겪은 고통을 들춰보지 않았다면, 그리고 그 너머에 있는 실재를 탐색하지 않았다면 아마 남은 인생도 내내 같은 패턴이었겠지요.

자신을 못나게 여기는 자아 정체성이 우리를 속이고 생각을 지배할 때 우리는 현재를 온전히 받아들이지 못합니다. 현재를 거부한다는 말은 내면에서 실제로 일어나는 일을 직시하지 않고 외면한다는 의미입니다. 어쩌면 당신은 아직 들여다보지 않은 감정이 있음을 짐작하면서도 핑곗거리를 만들어내며 그 감정을 직시하지 않는 이유를 합리화하고 있을지도 모릅니다. 자신이 부족하다는 믿음을 붙들고 이 믿음이 삶을 지배하게 내버려 두면서 스스로 만들어낸 현실을 살아가는 것이죠.

인간은 본능적으로 쾌락을 좇고 고통을 기피합니다. 특히 불편한 감정을 일으키는 경험일수록 조건반사적으로 거부하게 됩니다. 마음이 불편해지기를 자처하는 사람은 흔치 않지요.

현재의 경험을 어떤 식으로 거부하고 있는지 의식하지 못할지라도 이는 삶을 불행으로 이끄는 길입니다. 당신이 아직 대면하지 못한 참자아는 내면을 들여다보라고 계속 손짓하고 있습니다. 고통을 피하려는 조건반사적 반응을 멈추고 참모습을 직면하려면 자신이 평온해지기를 간절히 바라면서 호흡에 집중해야 합니다. 호흡에 집중하는 것은 당신에게 주어지는 모든 것에 긍정의 신호를 보내는 방법입니다.

조건화된 사고에 따라 사는 것은 마음을 닫고 현재를 그저 흘려보내고 있음을 의미합니다. 자신을 무가치하게 여기는 자아가 무의식 세계를 장악한 상태에서 내면을 들여다보는 일에 계속 저항한다면 이 거짓 자아는 더욱 견고해집니다.

제 내담자들의 사례를 몇 가지 들어보겠습니다. 존은 각종 프로젝트와 모험으로 삶을 채우며 늘 바쁘게 살아갑니다. 겉으로는 그럴듯

해 보이지만 사실은 한가하면 마음이 불편해지기 때문에 이를 피하기 위해서 강박적으로 일을 만들어내는 것이죠.

멜라니는 직장에서 원하는 만큼 성과를 내지 못할까 봐 전전긍긍합니다. 그녀는 일과를 마치면 불안함을 달래기 위해 술부터 찾곤 합니다.

앤은 자기 모습 그대로 사람들에게 인정받기에는 자신이 부족하다고 생각합니다. 그녀는 이 괴로움을 회피하려고 끊임없이 자기가 할 만한 일을 찾고, 지칠 때까지 주변 사람들을 돕는 데 시간을 보냅니다.

주디는 지루한 것을 잠시도 견디지 못합니다. 그래서 매일 저녁 몇 시간씩 친구들과 전화로 수다를 떨며 시간을 보냅니다.

먹기, 마시기, 걱정하기, 이야기하기, 청소하기, 운동하기, 혼자 있기 등 어떤 일이든 한 가지 일을 너무 많이 하고 있다면 이는 강박 행동에 해당합니다. 자신을 괴롭히는 특정한 감정이나 생각을 마주할 때마다 이 행동으로 도망치는 것이지요. 그러나 무엇을 피해 도망치고 있는지 제대로 돌아보지 않는다면 쳇바퀴를 도는 다람쥐처럼 언제까지고 이 패턴에서 벗어나지 못합니다.

내면에서 일어나는 반응을 관찰할 때 특별히 당부할 것이 있습니다. 당신이 과거에 어떤 일을 겪었든 자신에게 부디 자비를 베풀고 자책하지 않기를 바랍니다. 과거에 일어난 일들은 대체로 당신이 통제할 수 있는 일이 아니었습니다. 당신은 최선을 다했을 것입니다. 고통에서 벗어나는 방법을 찾도록 도와줄 안내자나 지침이 없었을 뿐입니다. 자신을 무가치하게 여기는 자아에서 벗어나고자 했지만, 어찌해야 좋을지 도무지 알 길이 없어 그만두었을지도 모릅니다.

세계는 갈등하고 분열합니다. 곳곳에서 날마다 발생하는 참극만 봐도 그렇지요. 사람들은 성별과 성적 취향, 인종, 정치적 견해에 따라 서로를 차별합니다. 옳고 그름에 대한 판단이 다르면 서로 총부리를 겨눕니다. 이 모든 갈등의 뿌리에는 자기에 대한 애착과 독선이 자리합니다.

이처럼 대부분의 사람이 조건화된 틀에 갇혀 살아갑니다. 그 틀에서 깨어나려고 하는 사람은 흔치 않습니다. 하지만 당신은 괴로움에서 벗어나기 위한 바람을 이루고자 이 책을 펼쳤습니다. 이제 도망치지 말고 기꺼이 고통을 마주하세요. 여태껏 살면서 내린 결정 중에서 어쩌면 가장 중요한 결정일 것입니다.

자신에 관해 사실로 믿었던 것들이 후회스럽고 부끄럽게 느껴질 때 명심할 게 있습니다. 이 여정을 끝내면 당신만 변화하는 게 아니라 내면 곳곳에 드리워져 있는 무의식의 그늘까지 뒤바꿀 수 있습니다. 자신을 고통스럽게 하는 자아의 정체를 간파하고 진실을 깨닫고 나면 새로운 인생이 펼쳐질 것입니다.

자기 자신에 대해 알아보는 시간을 가져볼까요? 다음 각 항목에 대한 답을 생각나는 대로 적어보세요.

☐ 나는 내가 ＿＿＿＿＿＿＿＿＿＿＿＿ 한 사람이라고 생각한다.

☐ 세상은 ＿＿＿＿＿＿＿＿＿＿＿＿＿ 하다고 생각한다.

☐ 사람들은 ＿＿＿＿＿＿＿＿＿＿＿ 하다고 생각한다.

☐ 위 항목들에 대한 생각 때문에 기분이 ＿＿＿＿＿＿＿＿＿
 하다.

☐ 나는 불편한 느낌을 피하려고 ＿＿＿＿＿＿＿＿ 한다.

☐ 나는 ＿＿＿＿＿＿＿＿＿＿＿＿＿ 을 너무 많이 한다.

☐ 나는 가만히 있는 게 싫어서 ＿＿＿＿＿＿＿＿ 한다.

☐ 나는 ＿＿＿＿＿＿＿＿＿ 한 상황에서 너무 많이 생각한다.

☐ 나는 ＿＿＿＿＿＿＿＿＿＿ 한 일에 무심하게 반응한다.

Suffering is Optional

2부

나로 사는 건
왜 이렇게 힘이 들까

3장

모든 정답은 내 안에 있다

1969년 7월 20일, 전 세계 거의 모든 방송국에서 닐 암스트롱 Neil Armstrong이 달에 첫발을 내딛는 순간을 중계했습니다. 수많은 모의 비행을 하고 조종사이자 우주인으로서 오랫동안 경력을 쌓은 그였지만 우주여행은 예상보다 훨씬 복잡했습니다. 달에 착륙하는 순간 암스트롱의 심장 박동 수는 분당 160회까지 치솟기도 했습니다. 하지만 전 세계인이 지켜보는 앞에서 인류 역사상 최초로 달 표면에 무사히 첫발을 내디뎠습니다.

저는 아직도 우주복을 착용한 이들이 발사대 플랫폼을 가로질러 우주선 안으로 들어가 해치를 닫고 발사 준비를 하던 모습을 생생히 기억합니다. 우주여행을 떠나려면 어떤 자격을 갖춰야 할까요? 아무도 가보지 못한 거대한 미지의 세계에 들어가려면 대체 얼마만큼의 용기가 필요할까요?

전혀 알지 못하는 길을 가려면 어떤 상황에 직면하든 이를 헤쳐나가려는 집념과 끈기, 능력이 필요합니다. 그리고 두려움이 몰려올 때조차 온 마음으로 자신을 믿는 용기가 있어야 하지요.

지금 우리는 진짜 자아를 찾아 여행을 떠나려 합니다. 닐 암스트롱과 그의 동료들이 떠났던 여행과는 성격이 다르지만, 당신이 갖춰야 할 자질은 그들과 크게 다르지 않습니다. 마치 달에 가는 것처럼 우리 내면으로 깊이 들어가 그 안에서 일어나는 경험을 깊이 탐사할 예정이니까요. 자신과 세상에 관한 전제에 의문을 제기하고 익숙한 곳을 벗어나야 합니다.

'나는 구제 불능의 못난 인간'이라는 자아를 지금까지 붙들고 살았다면 당신은 매사에 부정적인 시각으로 살아가는 데 익숙할 것입니다. 하지만 이제부터는 자신과 세상에 관해 품었던 협소한 사고에서 벗어나 자유를 찾아야 할 때입니다.

내면을 살피기 위한 네 가지 요건

자신의 내면에 집중하는 것, 즉 매 순간 자기 안에서 일어나는 생각과 감정에 주의를 돌리라는 조언이 매우 낯설게 들릴지도 모릅니다. 대부분의 사람은 자신에게 부족한 것을 채울 방법을 바깥에서 찾는 경향이 있기 때문입니다. 생각해보세요. '이대로는 부족해'라고 말하는 내면의 목소리를 달래기 위해 더 좋은 사람과 환경, 물질적 부를 찾아 얼마나 오랫동안 세상을 헤맸나요? 당신을 구원해줄 누군가를 얼마나 오랫동안 기다렸나요?

당신 아닌 누군가가 당신의 모든 문제를 해결해주는 일은 일어나지 않습니다. 그런 사람을 발견한 듯할 때도 있겠지만, 기껏해야 임시방편에 불과합니다. 세상에서 얻은 그 무엇도 결국에는 당신의 욕구를 채워주지 못합니다.

자신을 비관하는 자아에서 벗어나려면 자신을 가만히 응시하고 관찰하는 방법밖에 없습니다. 스스로 구축한 신념이 자신의 본질과는 거리가 멀다는 사실을 깊이 이해할 때, 이 자아가 영향력을 잃게 되기 때문입니다.

참자아를 발견하는 여행을 떠나기 전에 먼저 갖춰야 할 것이 있습니다. 만약 닐 암스트롱이 편협하고 소극적인 자세를 가졌다면 우주선에 발을 들여놓지 못했겠지요. 그는 미지의 세계를 탐사하려는 모험가 정신과 예상치 못한 일이 닥치더라도 이를 처리할 능력을 가져야 했습니다. 내면에서 일어나는 경험을 탐구할 때도 갖춰야 할 자격이 있습니다. 첫 번째는 열린 마음, 두 번째는 호기심, 세 번째는 이해심, 네 번째는 헌신하는 자세입니다.

이 요건들은 우리의 기본 자질이기도 합니다. 누구나 자기 안에서 발견하고 배양할 수 있기 때문입니다. 예전의 습관과 사고방식에 주의를 빼앗기고 집중력을 잃을 때면 이를 활용하여 올바른 방향을 찾을 수 있습니다. 내면의 경험을 살필 때 항상 이 네 가지 요건을 떠올리기 바랍니다. 이를 통해 현재를 관찰한다면 당신을 좌지우지하던 부정적 사고패턴에서 벗어나 자유를 찾게 될 것입니다.

자신의 경험을 응시할 때 앞서 말한 기본 자질 네 가지 외에 우리가 준비할 도구가 하나 더 있습니다. 바로, 호흡입니다. 호흡을 의식하면 신경계가 이완되므로 현재의 경험을 관찰하는 데 도움이 됩니다. 들숨과 날숨에 주의를 집중하면 반사적으로 작동하는 사고패턴에서 벗어나 어디에 주의를 기울일지 선택할 수 있습니다.

지금 당장 호흡을 의식해보세요. 호흡이 자연스레 평상시보다 깊어지고 느려질 것입니다. 숨을 마실 때는 가슴 전체를 확장하고, 숨을 내쉴 때는 몸 안의 공기를 모두 내보내세요. 온몸의 감각에 주의를 기울이며 계속해서 호흡해보세요. 폐의 용량을 있는 힘껏 사용하며 천천히 숨을 들이쉬고 내쉽니다.

이처럼 필요할 때마다 의식하며 호흡할 줄 알아야 합니다. 이 호흡법을 이용하면 조건화된 사고패턴에서 빠져나와 내면에 집중할 수 있습니다. 이제 내면을 탐사하는 여정에 필요한 네 가지 자질을 자세히 살펴보겠습니다.

열린 마음

익숙한 패턴대로 살아가는 일상이 어떠한지는 다들 잘 알고 있습니다. 사실 대부분의 사람이 그렇게 사니까요. 우리는 매일 그날이 그날 같은 하루를 보냅니다. 어쩌면 비슷한 상황을 백만 번도 넘게 겪었을지도 모르지요. 하지만 그럼에도 여전히 어떻게 살아야 할지 알지 못합니다. 매일 자기의 가치에 관해 똑같은 결론을 내리고 새로운 가능성을 아예 차단한 채 마치 프로그램에 따라 움직이는 로봇처럼 행동하면서도 이 사실을 의식조차 하지 못합니다.

조건화된 사고패턴이 자신을 제약하고 있음을 깨달으려면 열린 마음이 필요합니다. 터널 안에 갇혀 있으면 터널 바깥을 보지 못하듯, 조건화된 사고를 참이라고 가정한 채 앞으로 나아가면 패배감과 좌절감으로 고통받게 되기 때문입니다.

열린 마음이 무엇을 의미하는지 알기 위해서는 아이들을 관찰하는 것이 좋습니다. 아이들은 조건화된 습관이 없으므로 생각하는 방식이 한없이 창의적입니다. 당신도 케케묵은 사고방식을 버리면 아이처럼 열린 마음을 가질 수 있습니다.

'나는 부족해'라고 말하는 자아를 천천히 관찰해보면 그 안에 존재 자체로 부족함이 없는 참자아가 살아 있음을 알게 됩니다. 참자아는 모든 것을 수용할 만큼 열려 있고 삶 자체에 감탄할 줄 아는 순진무구한 존재입니다.

마음을 열면 그동안 고수했던 신념이 정말 참인지 의문이 들기 시작합니다. 이를 깨달은 사람은 삶을 경이롭게 바라보고, 스스로 움직이고, 섣불리 결론 내리지 않습니다. 몸에 익숙한 대본을 더는 받아들이지 않게 되지요.

내담자 맨디의 사례를 들어보겠습니다. 그녀는 다 큰 자식들에게 그들이 원하지도 않는 조언을 하느라 늘 열심이었습니다. 그들의 생활에 대해 시시콜콜한 것까지 꼼꼼하게 챙겨야 직성이 풀렸습니다. 자녀들은 당연히 불만을 터뜨렸지요.

저는 맨디에게 마음을 열고 자신의 내면을 들여다보라고 권했습니다. 몇 차례의 상담 이후 그녀는 생전 처음으로 자기 모습에 의문을 품게 되었고, 이윽고 당황했습니다. 자신이 그동안 다 큰 자녀를 얼마나 집요하게 통제하고 싶어 했는지 깨달은 뒤 충격을 받았고 스스로 발견한 자기 모습을 고치고 싶어 했지요. 맨디는 자신의 행동이 초래하는 고통을 고스란히 받아들였습니다. 문제를 정확하게 파악한 이후로는 자식을 통제하고자 하는 욕구를 내려놓고 그들을 아끼는 마음을 올바로 표현하게 되었습니다.

맨디의 사례는 열린 마음이 어떤 역할을 하는지 잘 보여줍니다. 당신도 현재 일어나는 경험을 수용하는 열린 자세를 취하고 진실을 대면할 용기를 가져야 합니다. 그래야 자기 안에 있는 진짜 목소리를 들을 수 있습니다. 불편한 사실을 외면하거나 자신이 모든 해답을 가지고 있다고 생각하면 안 됩니다. 마음을 열어야 당신을 지배하는 부정적인 자아가 사실은 허구임을 알아차릴 수 있습니다. 먼저 마음을 활짝 연 다음, 다음 항목을 실천해보세요.

- 나를 비하하는 생각을 관찰한다.
- 나를 괴롭게 하는 감정의 정체가 무엇인지, 이 감정이 어떻게 나를 장악하는지 이해한다.
- 반복되는 일에 기계적으로 반응하지 않고 새롭게 반응하는 법을 고민한다.
- 내가 누구인지 응시한다. 자신을 미워하는 나, 타인에게 인정받아야만 한다고 느끼는 나는 대체 누구인가?
- 매 순간 과거나 미래가 아닌 현재 일어나고 있는 일에만 주의를 기울인다.

열린 마음으로 모든 것을 받아들인다는 것은 익숙한 영역을 넘어 미지의 영역에 들어섬을 의미합니다. 자신이 잘 아는 세계에서는 앞으로 무슨 일이 일어날지 예측이 가능하지만, 미지의 영역에서는 예측할 수 없습니다. 자신과 타인에 대해서도 섣불리 평가하지 못합니다.

내담자 스티븐 얘기를 해볼까요? 스티븐은 모든 일이 어떻게 전개될지 자기가 다 안다고 생각합니다. 그가 하는 예측은 거의 부정적입니다. '저 가게는 일요일에 문을 열지 않을 거야', '확실해, 이 프로젝트는 제때 끝내지 못해' 하는 식이지요. 스티븐은 늘 자신이 바라는 것을 얻지 못해 결국에는 실망하고 좌절하게 될 거라고 예상하고, 습관적으로 세상을 불신합니다. 이 생각에는 세상은 자신이 바라는 것을 거부하고 야박하게 구는 곳이라는 전제가 깔려 있습니다. 이처럼 부정적인 자아를 형성한 이들이 예측하는 미래는 대부분 좋지 않은 결말일 때가 많습니다.

하지만 '나는 알지 못한다'라는 관점으로 세상을 본다면 어떨까요? 말 그대로 앞으로 어떻게 될지 전혀 모른다고 전제해봅시다. 그 가게가 일요일에 문을 열지 닫을지 또 그 프로젝트를 제때 끝낼 수 있을지 없을지 당신은 알지 못합니다. 다시 말해, 모든 가능성을 열어두는 것이지요. 게다가 앞일을 모른다고 인정하는 것이 합당합니다. 장차 어떤 일이 일어날지는 누구도 정확히 알 수 없으니까요.

이렇게 생각해보세요. 당신이 무가치한 사람인지 아닌지 당신은 알지 못합니다. 당신에게 결함이 있는지 없는지도 알지 못합니다. 자신이 무가치하고 결함투성이라는 인식을 곧이곧대로 받아들이지 말고 '나는 잘 모른다'라는 태도를 취하세요. 바로 이것이 우리가 갖춰야 하는 첫 번째 단계입니다. 현재를 온전히 경험하는 첫걸음은 자신이 누구인지 잘 모른다는 점을 인정하는 것입니다. 자신의 무지를 솔직히 시인하고 나면 자유를 찾을 수 있습니다.

그런데 여기서 분명히 짚고 넘어가야 할 게 있습니다. 그렇다면 '나는 완벽하다' 혹은 '나는 이대로 부족한 게 없다'라고 믿으면 된다는 말일까요? 그렇지 않습니다. 제가 하는 말은 자기계발서에서 흔히 말하는 접근법과는 다릅니다. 그저 당신이 안다고 생각하는 모든 것을 내려놓고 아직은 잘 모른다는 사실을 인정하라는 뜻입니다.

솔직히 인정하세요. 당신이 알고 있는 것들이 당신이 바라는 평안을 가져다주었나요? 그렇지 않다면 방법을 바꿔야 합니다. '나는 무능해', '타인에게 인정받지 못하면 내 가치는 없어지고 말 거야'라는 생각 때문에 당신은 이미 고통받을 만큼 고통받았습니다. 이 굳건한 믿음을 깨부숴야 할 때가 왔습니다.

당신이 오랜 세월 당연하게 받아들인 자아 외에 또 다른 자아가 있습니다. 마음을 열고 모든 가능성을 받아들일 때 이 자아를 만나게 될 것입니다.

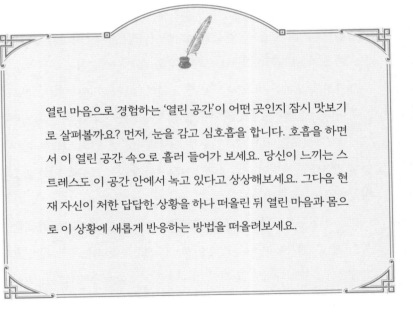

열린 마음으로 경험하는 '열린 공간'이 어떤 곳인지 잠시 맛보기로 살펴볼까요? 먼저, 눈을 감고 심호흡을 합니다. 호흡을 하면서 이 열린 공간 속으로 흘러 들어가 보세요. 당신이 느끼는 스트레스도 이 공간 안에서 녹고 있다고 상상해보세요. 그다음 현재 자신이 처한 답답한 상황을 하나 떠올린 뒤 열린 마음과 몸으로 이 상황에 새롭게 반응하는 방법을 떠올려보세요.

호기심

호기심은 열린 마음과 밀접한 관계에 있습니다. 호기심이 풍부한 사람은 자신이 무가치하다는 감정에 사로잡히는 순간 이 감정의 정체가 무엇인지 의문을 품고, 조사하고 싶어 합니다.

사실 호기심은 인간의 본능입니다. 갓난아기가 자기 발가락을 넋을 잃고 쳐다보는 모습, 아장아장 걷는 아이가 끊임없이 "왜요?"라고 묻는 모습을 본 적이 있을 것입니다. 대부분의 사람은 자신이 누구인지 또 자신이 사는 세상이 어떤 곳인지 궁금해하고 알고 싶어 합니다.

오래전에 네팔을 여행한 적이 있습니다. 한번은 네팔인 친구들과 어느 오지 마을에 머물렀다가 그 마을의 여덟 살짜리 소년과 함께 카트만두로 가게 되었습니다. 이 소년은 한 번도 마을을 벗어나 본 적이 없었습니다. 우리는 하루 하고도 반나절이나 걸어서야 차량이 다니는 도로에 도착했고, 거기서 카트만두행 버스를 기다렸습니다.

정류장에 도착한 버스를 처음 본 소년의 얼굴을 저는 아직도 잊지 못합니다. 소년은 "사람들을 태우고 움직이는 상자라니! 어떻게 저럴 수가"라고 말했습니다. 카트만두에 도착해서도 방 안의 전등을 껐다 켰다 반복하면서 빛이 사라졌다가 나타났다가 하는 모습을 넋을 잃고 바라봤지요.

인간이 완성한 건축물, 인간이 발견한 과학적 사실, 인간이 구축한 시스템들은 뭔가를 이해하고 싶어 하고 알고 싶어 하는 누군가의 호기심에서 출발했습니다. 인간이 만들어낸 괴로움에서 벗어나는 일에도 이 호기심이 유용하게 쓰입니다. 다른 사람들에게 인정받지 못하면 쓸모가 없어지고 말 거라거나 사람들에게 거절당할 것이라는 마음을 벗어던지고 싶다면 호기심 가득한 눈으로 자신의 경험을 들여다봐야 합니다.

내담자 샬럿의 사례를 들어보겠습니다. 상담실에 찾아온 샬럿은 그동안 자신이 쌓아온 경력이 다 엉터리처럼 느껴진다고 했습니다. 그 말을 들었을 때 저는 호기심이 생겨 질문을 쏟아냈습니다. "'엉터리'라니 무슨 말이죠? 어떨 때 그런 생각이 들고, 무엇 때문에 그렇게 느낍니까? 그 생각이 들 때는 어떤 감정이 생기며 몸에서 어떤 반응이 나타납니까? '엉터리'라는 느낌 외에 또 어떤 느낌이 듭니까?"

자신을 제약하는 자아에서 자유로워지고 싶다면 호기심 가득한 눈으로 이 순간의 경험을 관찰하고, 자신이 어떤 과정을 거쳐 괴로움에 사로잡히게 되는지 파악할 줄 알아야 합니다. 나를 가로막는 조건화된 신념이 무엇인지 끝까지 탐구하는 힘은 호기심에서 나옵니다. 기계적으로 나오는 반응을 알아차리게 되면 새로운 가능성을 모색하고 선택할 힘이 생깁니다. 그때 비로소 괴로움에서 벗어날 수 있습니다.

샬럿은 저와의 상담 이후 이 괴로움의 정체를 캐기 시작했고, 자신을 엉터리라고 말하는 목소리가 나타나 감정을 좌우하려 들 때 이를 알아차릴 수 있음을 깨달았습니다. 그리고 이제는 부정적인 목소리를 알아차리면 거기에 영향을 받지 않고 가만히 지켜보게 되었다고 이야기했습니다.

새로운 선택지가 생겼다는 것은 자유를 얻게 됐음을 의미합니다. 이 과정에 관해서는 다음 장에서 자세히 다룰 예정입니다. 지금은 호기심을 가지고 이 순간의 경험을 탐구하는 일이 얼마나 중요한지를 실감하는 것으로 충분합니다.

모든 일에 대해 '알지 못한다'라고 전제하고 나면 호기심이 많아집니다. '내가 들이마시는 이 호흡은 무엇일까?', '생각이란 무엇이며, 어떻게 힘을 얻어서 내 세계를 잿빛으로 물들이는가?' 같은 질문의 답을 알아내려면 하던 일을 잠시 멈추고 자신을 직시해야 하지요.

호기심은 사물이나 사건이 어떻게 작동하는지 이해하고 싶어 하는 마음이기도 합니다. 부엌 싱크대 밑의 배관이 어떻게 작동하는지 알고 싶다면, 손전등을 들고 바닥에 엎드려 배수관이 어디에서 나와 어디로 이어지는지 살피고 무슨 기능을 수행하는지 파악해야 합니다. 이렇게 찬찬히 관찰하면 배관에 대해 꽤 많은 것을 알게 됩니다. '아하! 이것은 물이 빠져나가는 관이고, 이것은 물이 들어오는 관이구나. 이쪽은 뜨거운 물이고, 이쪽은 차가운 물이구나'라고 말이지요. 이와 마찬가지로 자신의 경험을 호기심 어린 눈으로 관찰하면 새로운 세상에 눈을 뜨게 됩니다.

자신을 관찰할 때 당신은 다음과 같은 사실을 알게 될 것입니다.

- 부정적인 생각이 떠오를 때 몸이 긴장하고 움츠러든다.
- 한번 불안을 느끼면 거기서 빠져나오지 못한다.

- 남들에게 사랑받고 싶은 열망 때문에 돌덩이를 얹은 듯 가슴이 답답하다.
- 외롭다는 생각이 들면 초조해진다.

당신에게 고통을 안겨주는 패턴을 벗어던지고 싶다면 현재 자신이 무엇을 경험하는지 자각하는 일부터 시작해보세요. 현재의 경험을 자세히 관찰하면 과거의 불행을 되새김질하는 생각과 괴로운 감정 너머에 다른 세계가 있음을 발견하게 됩니다. 그리고 이 세계에 주의를 집중하면 마음이 평온해지고 긴장이 풀립니다.

심리 치료나 자기계발 쪽에 경험이 많은 이들은 "왜?"라고 묻기를 좋아합니다. 어떤 감정이 생기면 왜 그런 감정이 느껴지는지, 어떤 상황이 그런 감정을 초래했는지 궁금해하지요. 이를테면 "왜 나는 평생을 바치고 싶은 열정을 찾을 수 없는 걸까?", "왜 나는 여전히 두려워하는 걸까?", "어째서 부모님은 나를 사랑하지 않는 걸까?" 같은 질문들을 하곤 합니다. 질문을 하는 건 좋은 자세입니다. 질문을 던져야 당신이 바라는 것이 행복과 평온이라는 사실을 알게 되기 때문입니다. 결국 당신이 답을 찾고 싶은 질문은 '어떻게 하면 이 고통을 끝낼 수 있을까?', '행복해지려면 어떻게 해야 하는가?' 등이 아닌가요?

하지만 그 답을 찾기 위해 현재보다 과거에 일어난 일들에 더 집중한다면 문제가 발생합니다. 과거로 시선을 돌리면 현재의 일에 주의를 기울일 수 없기 때문입니다. 물론 자신이 처했던 상황을 면밀하게 이해하는 게 도움이 될 때도 있습니다. 과거의 이야기에 살을 붙이고 구체화하면 그 의미가 선명해지기도 하지요. 하지만 진정한 행복을 얻는 길은 과거나 미래가 아니라 이 순간의 경험에 집중하는 데 있습니다. 이때 문제의 핵심을 들여다보고 자신을 제약하는 자아를 해체하기 위한 질문은 따로 있습니다. 주로 다음과 같은 것들입니다.

- 나는 지금 무엇을 경험하고 있는가?
- 신체 감각에 온전히 주의를 집중할 수 있는가?
- 감정을 있는 그대로 내 안에 수용할 수 있는가?
- 지금 이 순간 모든 번뇌를 내려놓고 상황을 있는 그대로 볼 수 있는가?
- 내 마음에 떠오르는 생각들이 실재와 일치하는가?
- 주의를 기울여야 할 또 다른 대상이 있는가?

지금 이 순간의 경험에 관해 호기심을 품는 태도는 무척 중요합니다. 내면 세계에서 일어나는 일에 주의를 돌릴 때, 이전에는 감추고 부정했던 것들을 똑바로 직시할 수 있기 때문입니다. 그러면 자신이 안고 있는 문제를 머리로만 이해하고 해결하려 하지 않고 처음으로 돌아가 근원이 무엇인지 파악할 수 있습니다.

호기심은 우리가 현재에 집중할 수 있도록 안내합니다. 호기심을 품으면 사건과 사물을 새로운 방식으로 바라보게 되고, 자신과 세상을 보는 판에 박힌 시각을 의심하고 새로운 선택지를 생각해낼 수 있습니다. 지금 당장 모든 것에 대해 질문을 던져보세요.

현재로 주의를 돌리고 질문을 던져보세요. 정답을 찾는 데 너무 얽매이지 말고 질문 자체에 집중합니다.

☐ 지금 이 순간 무엇이 존재하는가?

□ 가만히 현재를 경험한다는 것은 무엇인가? 또 어떤 느낌이 드는가?

이 질문에 이성적으로 답하지 마세요. 그저 가만히 어떤 느낌이 드는지 자각하기 바랍니다. 만약 생각이 떠오르면 '아, 이거다' 혹은 '아, 이런 식으로 떠오르는구나'라고 반응하면 됩니다.

이해심

자신의 내면을 들여다보고 '나는 쓸모없고 무능해'라고 말하는 자아를 호기심 가득한 시선으로 관찰하는 과정에서는 반갑지 않은 사실을 마주하기도 합니다. 소심하고 변변찮은 자기 모습을 만나기도 하고, 후회되는 일이 떠오르기도 하지요. 이때 느끼는 쓰라림을 조금이나마 덜어주는 것이 바로 이해심입니다.

누구나 딱한 사람을 보면 인정을 베풀고 싶은 마음이 듭니다. 두려움, 고정관념, 자기를 방어할 욕심이 모두 사라질 때 우리 안에 남는 것은 '사랑'이라는 감정입니다. 누군가를 도와줄 때 나타나는 모든 행위는 사랑에 뿌리를 둡니다. 이해심은 그런 사랑의 한 가지 표현이지요.

지난 일을 후회하며 살기보다는 자기를 이해하고 사랑하는 마음으로 모든 것을 받아들일 줄 알아야 합니다. 도저히 견디기 힘들 만큼 괴로운 감정, 잊을 만하면 한 번씩 떠올라 마음을 휘젓는 부끄러운 기억들은 우리가 현재에 온전히 머물지 못하게 합니다. 이해심은 이런 기억과 감정을 해결하는 방법입니다. 자기 자신에 대한 이해심을 회복할 때 자비, 인내, 사랑을 회복할 수 있습니다.

사실 이해하는 마음을 회복하는 데는 오랜 시간이 걸리지 않습니다. 당장에라도 자신의 경험을 수용할 수 있으니까요. 이 순간에 어떤 감정이나 생각이 떠오르든 반갑게 인사하는 연습을 해보세요. 말 그대로 "반갑다, 부끄러운 내 모습. 반갑다, 무가치한 내 모습"이라고 인사하는 겁니다. 바보같이 보일지도 모르지만, 생각이나 감정이 일어날 때 이들을 문전박대하지 말고 이해심 많은 집주인처럼 찾아오는 이들을 모두 반갑게 맞이해보세요. 지금 어떤 감정과 생각을 경험하든 모두와 친구가 되어보는 겁니다.

자기 자신을 이해한다는 것은 어떤 의미일까요? 내담자 중에 지닛과 이 주제로 얘기를 나눈 적이 있습니다. 그녀는 제 설명을 곧바로 이해하지 못하고 한참 곱씹더니 눈을 반짝 뜨며 말했습니다. "아하, 제가 키우는 강아지를 대하듯 저 자신을 대하라는 말씀이군요!"

여기서는 강아지를 예로 들었지만, 쉽게 이해가 가지 않는다면 사랑하는 아이나 가장 친한 친구를 대입해도 좋습니다. 사랑하는 존재에게는 한없이 관대해지듯 자기 자신과 자신의 경험에도 관대해지라는 의미입니다.

자신을 이해하는 사람은 언제나 자기 자신과 함께합니다. 자기 안에서 연약한 영혼을 만나도 쓸모없다고 내버리지 않고, 어떤 생각이나 감정이 일어나도 외면하지 않습니다. 무엇을 느끼든 밀어내지 않고 그대로 둡니다. 자신을 신랄하게 비난하고 형편없는 사람이라고 말하는 목소리를 사실로 믿고 아파하는 자기 모습을 따듯하게 끌어안습니다. 관성적인 사고패턴이 반복해서 떠오를 때도 '아, 또 시작이다'라며 외면하지 않고 맞이합니다.

당신은 무엇이든 한없이 받아들일 수 있는 존재입니다. 조건화된 사고에서 벗어난 당신은 모든 것을 있는 그대로 수용할 수 있습니다. 이것이 당신의 참모습입니다.

자신을 따듯하게 보듬는 일이 당장은 어렵게 느껴질 수도 있습니다. 하지만 좌절하지 마세요. 이해심은 누구나 기를 수 있는 자질입니다. 한 가지 명심할 점은 자신을 쓸모없게 여기는 자아에서 비롯한 문제는 더 좋은 사람을 만나고, 더 나은 환경을 찾는다고 해서 해결되지 않는다는 것입니다. 바깥에서 아무리 간절히 해결책을 찾아다니고, 많은 사람의 관심을 한몸에 받아도 스스로 구제불능이라고 믿으며 생긴 공허함을 모두 채우지는 못합니다. 이렇게 믿는 자아와 오랫동안 함께한 사람일수록 이 자아가 저절로 물러날 리가 없다는 사실을 잘 알 것입니다.

제가 제시하는 해결책은 한마디로 자기 안에 새카맣게 뚫린 구멍을 직시하라는 것입니다. 자신의 수치스러운 모습과 결핍을 외면하지 말고, 그동안 받고 싶었던 한없는 사랑과 관심을 스스로 선물하세요. 그리고 모든 기억과 감정을 반갑게 마주하세요. 자기를 향한 이해심이 중요한 이유가 바로 여기에 있습니다. 당신을 깊이 이해하고 따듯하게 안아줄 사람, 그리고 가장 신뢰할 수 있는 사람은 다름 아닌 자기 자신입니다. 당신이 그렇게 찾아다니던 따뜻함은 바로 당신에게 있습니다.

또 자신에게 필요한 것 또는 원하는 것에도 주의를 기울여야 합니다. 자기 사정을 헤아려주고, 한숨 돌릴 여유를 주세요. 한없이 관대하게 대해도 괜찮습니다. 사실은 이렇게 하는 것이 더할 나위 없이 자연스러운 일이기도 합니다.

내면의 경험에 주의를 기울이면서 어떤 생각이나 감정이 일어나도 쌀쌀맞게 외면하지 말고 그것을 이해하고 반갑게 맞이할 수 있는지 생각해보세요. 자기 자신을 한없이 이해해주기로 결정했다면 자기에게 해주고 싶은 일은 무엇인지 세 가지만 적어보세요.

1.

2.

3.

헌신하는 자세

뭔가를 간절히 원할 때 우리는 그것을 얻기 위해 온 마음을 쏟습니다. 자기가 가진 모든 것을 바치고 아무리 힘들어도 견뎌냅니다. 헌신이란 그만큼 강력합니다.

저는 내담자들에게 눈에 띄는 변화가 즉시 나타나지 않아도 행복하고 평안한 마음을 되찾기 위한 노력을 멈추지 말라고 말합니다. 꾸준히 연습해야 일정한 패턴의 사고가 어떻게 자기 안에 굳어지는지 이해하고, 몸에서 일어나는 다양한 감정을 세밀하게 느끼게 됩니다.

내담자인 마크는 저와의 상담을 통해 자신감을 회복하고 자신의 행복에 도움이 되지 않는 관계를 깨끗하게 정리했습니다. 무기력하고 모든 일에 소극적이던 빅토리아는 한 단체에 참여해 회원으로 활동하다가 임원이 되어달라는 요청을 받기도 했지요. 애정결핍이 심한 레이철은 관심에 굶주린 자신의 심리 상태가 가족에게 어떤 영향을 미치는지 깨닫고 호기심 가득한 눈으로 자신의 감정을 관찰하게 되었습니다. 인생의 전환기를 맞이한 세 사람은 모두 왜곡된 자아에서 벗어나는 과정에 헌신했습니다.

조건화된 사고는 강력한 관성을 지닙니다. 처음에는 '아무래도 나한테 문제가 있나 봐' 같은 단순한 생각에서 시작되지만 이런 생각이 거듭되면 확고한 신념으로 자리 잡습니다. 조건화된 사고에서 비롯하는 괴로움을 더는 견디지 못해 다르게 살 방법을 고민할 때쯤이면, 이미 거기에 대적하는 일 자체가 너무 벅차게 느껴질 가능성이 큽니다.

헌신하는 자세가 더더욱 필요한 이유입니다.

이럴 때는 매 순간 자신의 경험에 의문을 품는 것이 중요합니다. 조각가가 끌로 돌덩어리를 깎고 다듬을 때마다 아름다운 형상이 드러나듯이, 지금의 경험을 향해 주의를 돌릴 때마다 조건화된 생각들이 떨어져 나가고 본연의 모습이 드러납니다.

여기서 목적은 조건화된 반응 자체를 없애는 것이 아닙니다. 우리는 생각하고 느낄 줄 아는 존재로서 세계를 지각합니다. 또 생리적으로는 자신을 보호하고 안전하게 지키려는 생존 본능에 따라 주변 자극에 반응합니다. 이 말은 당신은 앞으로도 주변 자극에 본능적으로 반응하고 여러 가지 감정을 경험할 것이라는 뜻입니다.

헌신적인 자세로 본질을 탐구한다면 현재 일어나는 몸과 마음의 반응을 민감하게 알아차리고 그것들과 새롭게 관계 맺는 법을 알게 됩니다. 습관처럼 떠오르는 감정이 있다면 가만히 응시하세요. 그것들은 '나'라는 실재 안에서 일시적으로 일어나는 현상일 뿐입니다. 만일 감정이 격렬하게 일어나 사라지지 않고 자리를 잡으려 하면, 그 감정을 그대로 느끼고 너그럽게 관찰하되 휘둘리지 않도록 주의합니다. 흘러 들어오는 경험을 반갑게 맞이하면서도 그 감정이나 생각이 내뱉는 주문에 걸리지 않는 것, 이것이 현재를 온전히 알아차리는 삶입니다. 이런 방식으로 경험과 관계를 맺으면 마침내 고통에서 벗어나게 됩니다. 이는 자기를 괴롭게 하는 생각과 감정이 '본연의 나'와는 아무 상관이 없다는 사실을 깨닫는 데서 얻는 자유입니다. 이로써 당신은 자기가 구축한 거짓 자아에서 벗어나게 되지요.

내담자인 캐시 사례를 들어보겠습니다. 어느 날 그녀가 기뻐서 어쩔 줄 모르는 얼굴로 상담실을 찾았습니다. 그동안 캐시는 정말 헌신적으로 자신이 느끼는 불안감을 있는 그대로 맞이하는 연습을 하고 있었습니다. 그날 저의 상담실을 찾아온 캐시는 지난 몇 주간 불안감을 거의 느끼지 않았다는 사실에 한껏 들떠 있었습니다. 그녀는 이렇게 말했습니다. "전에는 이런 감정과 맞서 싸워야 한다고 생각했어요. 명상을 하거나 운동을 하며 떨쳐내려고만 했죠. 그런데 지금은 그냥 받아들여요. 내가 경험하는 몸의 감각들을 알아차리고 내가 느끼는 감정에 연민을 느껴요. 그랬더니 행복이 찾아왔어요." 이는 캐시만 할 수 있는 특별한 경험이 아닙니다. 당신도 그리 어렵지 않게 해낼 수 있습니다.

평화와 자유를 찾으려면 그것을 얻는 일에 진심으로 헌신해야 한다는 것을 명심하세요. 꾸준한 노력만이 변화를 일으킵니다.

다음 문장을 완성해보세요.

☐ '만들어진 자아'의 영향으로 자신을 무가치하게 여기게 될 때 나는

....

한다.

☐ 속박에서 벗어나기 위해 노력하는 일은 ....

.... 하는 것이라고

생각한다.

☐ 마음의 평화를 얻는 일에 헌신하기로 계획한다면 나는 먼저

....

할 것이다.

성장이라 부를 게 있다면 단 하나,
분리된 자아에서 벗어나는 것뿐이다.

‒ 레스터 레벤슨 Lester Levenson

4장

———

과거와 미래에 마음을 빼앗기지 않는다

내담자 밸러리는 남편이 하는 모든 말과 행동을 자신을 비난하는 것으로 곡해하곤 했습니다. 예를 들어 자신이 차린 음식에 대해 남편이 아무 말도 하지 않으면, '내가 한 음식이 맛없구나'라고 결론 내립니다. 남편이 자신에게 집안일을 잘했다고 칭찬하지 않으면, 자신을 마땅찮게 여긴다고 생각합니다.

밸러리는 알코올 중독자 아버지 밑에서 자랐습니다. 아버지는 그녀에게 칭찬을 해주거나 애정 어린 관심을 표현한 적이 거의 없었습니다. 밸러리는 아버지를 기쁘게 하려고 열심히 노력했지만, 무엇으로도 아버지의 괴로움을 덜지 못했고 집안은 점점 더 엉망이 되어갔습니다. 어린 밸러리는 자신이 누구의 기대에도 미치지 못하리라는 불길한 예감에 사로잡혔습니다. 아직도 그 생각을 떨쳐버리지 못하고,

어른이 된 지금까지 남편이 침묵할 때마다 '역시 나는 이것밖에 안 되는 사람'이라고 되새기게 된 것이지요.

저는 밸러리에게 남편에게 무시당했다고 느낄 때마다 내면에 남아 있는 어린 시절의 자신을 떠올리고, 무슨 생각과 감정이 일어나든 그 것들을 이해하고 따뜻하게 감싸 안으라고 제안했습니다. 그 뒤로 밸러리는 자신의 상황을 객관적으로 살펴보고 '내 잘못이야, 내가 못나고 부족한 사람이야'라는 목소리를 무시하기 시작했습니다.

지금 당장은 변화가 보이지 않을지라도 제가 제시하는 개념들을 계속 연습해나가면 조금씩 나아지는 모습을 발견할 것입니다. 밸러리의 사례는 당신에게도 이 같은 변화가 가능하다는 사실을 보여줍니다. 그녀는 현재 계속해서 제가 제시한 처방전을 실천하고 있습니다.

'알아차림awareness'이란 정확히 무엇을 뜻할까요? 뭔가를 알아차리는 게 어떤 것인지 우리는 다들 잘 알고 있습니다. 제가 당신에게 창밖에 있는 어떤 나무를 보라고 말하면 당신은 눈을 돌릴 것이고, 거기에 나무가 있음을 알아차릴 것입니다. 제가 당신에게 신체 감각을 느껴보라고 부탁하면 당신은 몸에서 느껴지는 감각들을 알아차릴 겁니다. 하지만 여기에는 어쩌면 당신이 그동안 한 번도 알아차리지 못했을 '경험'이 하나 있습니다. 어떤 대상, 즉 나무 한 그루나 몸의 감각을 알아차리는 행위가 있다면 동시에 거기에는 그 행위를 알아차리는 경험이 있습니다.

이 경험은 나무 같은 대상과는 다릅니다. 즉 알아차림이란 대상을 목격하는 행위와는 다릅니다. 미국의 영성가 루퍼트 스파이러 Rupert Spira 가 말한 바에 따르면, 알아차림이란 영화가 투사되는 영사막과도 같습니다. 영화를 볼 때 이야기에 푹 빠져서 영사막을 알아차리지 못하지만, 영화의 이미지는 그 이미지가 투사되는 영사막 없이 존재할 수 없습니다.

'현존하는 경험을 자각하는 것'이 쉽지 않을지도 모릅니다. 그도 그럴 것이 우리는 흔히 내면보다 외부 환경에 주의를 돌리기 때문입니다. 하지만 어렵게 생각할 필요는 없습니다. 실재하는 자신을 온전히 느끼는 것이 곧 현존하는 경험이니까요. 단박에 이해하기 쉽지 않은 추상적인 개념인 만큼 더욱 차근차근 이야기해보겠습니다.

벌어진 일을 자신의 무능력 탓으로 풀이하고 괴로울 때, 다른 사람들에게 관심과 애정을 갈구할 때 사람들은 특정한 '대상'에 집중합니다. 다시 말해, 다른 사람들이나 자기 생각 혹은 욕구나 감정에 주의를 집중하고 이 대상들을 실재라고 착각합니다. 하지만 이들 대상을 알아차리는 모든 순간에는 이 모든 대상이 일어나는 배경인 '자각'이라는 경험이 있습니다.

대상을 알아차리는 경험이 어째서 중요할까요? 괴로움을 유발하는 대상에서 주의를 옮겨 이를 자각하는 경험 자체에 집중하면 현재를 다르게 받아들이게 됩니다. 전에는 자신의 무능함을 곱씹는 생각에 사로잡혀 있었다면, 이를 자각한 뒤에는 차분하게 이런 생각과 감정과 반응을 관찰하게 됩니다. 보통 이런 상태를 '마음챙김 mindfulness'

이라고 하지요. 알아차림이라는 안전한 안식처를 찾아가는 것은 대상을 관찰하는 행위에서 시작합니다. 이를 알게 되면 더는 감정적으로 반응하지 않게 됩니다.

심한 자괴감이 밀려올 때도 그것들을 알아차린다면 흔들리지 않을 수 있습니다. 이 잔잔하고 고요한 의식 속에 머물면 모든 과정을 자신에게 일깨울 수 있습니다. '부정적인 생각이 일고 있다'라고 말이죠.

이 연습에 익숙해지면 걱정과 불안에 흔들리지 않고, 혹은 자기를 판단하지 않고 이 생각과 감정을 있는 그대로 반갑게 맞이하게 됩니다. 또 거기에 더는 휘둘릴 이유가 없음을 깨닫게 됩니다. 생각과 감정을 그저 지켜보고 있으면 그것들이 떠올랐다가 어느 순간 지배력을 잃고 사라져가는 게 보입니다. 자신이 못난 사람이라는 생각과 그런 생각이 불러일으키는 감정이 잠시 나타났다가 사라지는 것들이라면 이것이 자신의 본질이라고 믿어야 할 이유가 없습니다. 그것들에 계속 관심을 주지 말고 이성적으로 지켜본다면 모든 것이 허상임을 알게 됩니다.

자신을 괴롭히는 생각과 감정이 과연 실재하는 것인지 의문을 품는 것만으로도 여태껏 경험해보지 못한 충만하고 자유로운 삶을 엿볼 수 있습니다. 당신이 사실로 굳게 믿었던 자신의 욕구와 못난 자아 이면에 놓인 '실재'는 바로 현재를 자각하는 경험입니다. 당신은 경험을 알아차림으로써 자기 안에서 일어나는 생각이나 감정과 새롭게 관계 맺는 법을 배우게 됩니다.

내담자인 빌 얘기를 해보겠습니다. 빌은 일을 마치고 집에 돌아왔을 때 집이 아이들의 장난감으로 어질러져 있으면 갑자기 짜증이 나곤 했습니다. 자기도 모르게 화가 치솟아 아이들을 야단치다가도 부모로서 실패했다는 생각에 스스로 실망하곤 했지요.

저는 빌에게 이런 생각에서 주의를 옮겨 그 순간 자신이 경험하는 것이 무엇인지 알아차려 보라고 권했습니다. 빌은 천천히 자기 안의 어둠에 접근했고, 항상 불안하고 외로웠던 유년 시절의 감정을 기억해냈습니다. 어린 빌은 엉망진창인 집에 내내 홀로 방치되어 있었지요. 그렇게 자신의 상처를 마주한 뒤로는 과거의 감정이 일어날 때 그것을 피하지 않고 가만히 관찰하기 시작했습니다.

그다음에는 이런 부정적인 생각에 사로잡히는 대신 한 발짝 떨어져 연민의 눈으로 그때의 감정을 살피며 그대로 껴안았습니다. 이 깨달음의 과정을 통해 빌은 그동안 알아차리지 못했던 수많은 것을 만나게 되었습니다. 부모가 자신을 돌보지 않는다는 유년기의 절망감, 내면에 쌓인 분노, 자녀들의 행동을 통제하려는 욕망 같은 것들이었습니다. 빌은 지금 이 순간 떠오르는 생각과 감정을 온전히 끌어안는 법을 배웠고, 그 덕에 아이들을 이해하고 자기 자신도 너그러운 시선으로 바라보게 됐습니다.

알아차림이라는 의식은 본질상 괴로운 생각이나 감정에 제약을 받지 않습니다. 이 의식 상태에서는 자신을 탓하지 않고 어떤 것도 회피하지 않으며 모든 것을 조건 없이 수용합니다.

저는 자신이 구축한 자아에 단단히 붙잡혀 힘들어하는 내담자들에게 잠시 눈을 감고 생각을 멈춰보라고 조언합니다. 이때 내담자들은 비록 잠시일지라도 고요와 평화가 찾아오는 것을 뚜렷이 경험합니다. 당신 역시 언제든지 이 고요와 평화를 경험할 수 있습니다. 하던 일을 멈추고 호흡하며 현재에 존재하세요.

주변에서 벌어지는 일을 몸으로 느껴라

첫 번째와 두 번째 치료 원칙을 통해 우리는 자아 정체성이 부정적으로 왜곡되는 과정과 그 자아상을 믿는 것은 어디까지나 선택의 문제라는 사실을 살펴봤습니다. 세 번째와 네 번째 치료 원칙은 현재 일어나는 경험에 초점을 맞추고 집중할 수 있도록 돕습니다. 먼저 세 번째 치료 원칙은 다음과 같습니다.

원칙 3. 경험을 구성하는 여러 요소 중에서 어디에 주의를 돌릴지 결정하는 주체는 '나'다.

만약 제가 당신에게 다음번 숨을 들이쉴 때 호흡에 주의를 기울이라고 부탁하면 당신은 우선 지금 하는 독서를 멈춰야 합니다. 즉 종이에 적힌 글자를 읽으며 의미를 이해하는 일에서 주의를 옮겨 숨을 들이쉬고 내쉬는 데 집중해야 하지요.

이번에는 제가 당신에게 몸에서 느껴지는 모든 감각을 살펴보라고 한다고 가정해봅시다. 몸의 감각에 집중하면 호흡을 하는 동안 복부가 올라갔다 내려가는 움직임 혹은 어느 한 부분의 근육이 경직되는 느낌을 알아차리게 됩니다. 실제로 우리 몸에서는 이 밖에도 많은 일이 벌어지고 있지만 우리는 대체로 인식하지 못한 채 살아갑니다.

이처럼 어디에 관심을 둘지는 스스로 선택할 수 있습니다. 그리고 이 선택의 결과는 엄청납니다. 이 선택에 따라 머릿속에 떠오르는 부정적 생각을 받아들여 두려움과 공황 상태에 빠질 수도 있고, 아니면 매 순간 새로운 관점에서 현재의 경험을 받아들일 수도 있지요. 즉 괴로움에 사로잡힐 수도, 평화를 누릴 수도 있습니다.

오랫동안 특정한 대상에 주의를 빼앗긴 채 지냈다면 어디에 집중할지 마음대로 조정한다는 게 말처럼 쉽지만은 않을 것입니다. 당신이 항상 자신을 부족하고 못난 사람으로 여겼다면 습관적으로 자신의 한계를 규정짓는 생각에 주의를 빼앗기고 부정적인 시선으로 세상을 바라보기 마련이죠.

세 번째 원칙의 핵심은 '주의력'에 대한 통제권을 회복하는 데 있습니다. 다른 사람을 통제해 자기가 원하는 대로 조종하거나, 자기가 바라는 결과를 만드는 일은 불가능합니다. 그러나 어디에 주의를 둘지는 우리 자신이 정할 수 있다는 걸 잊지 마세요.

떠오르는 생각이 아닌 몸의 여러 감각에 주의를 기울이는 시간을 가져봅시다. 주변에 있는 것들을 자세히 살펴보고, 귀를 활짝 열고 다양한 소리에 귀 기울여보세요. 지금 당신을 둘러싼 환경에 오롯이 집중해보세요. 그다음 무엇을 느낄 수 있었는지 자유롭게 적어보세요.

물론 생각이란 놈은 호시탐탐 당신을 노리며 주의력을 빼앗으려 할 것입니다. 지금은 어디에 주의를 둘지 스스로 통제할 수 있다는 사실을 잠깐 확인하는 것으로도 족합니다. 익숙하게 주의력을 제어할 수 있을 때까지 꾸준히 해보세요.

저는 주의력을 스스로 통제할 수 있음을 알고 이를 훈련하면서 전혀 몰랐던 사실을 발견하게 되었습니다. 알고 보니 저는 자신의 부족함에 초점을 맞추고 두려움에 먹이를 주면서 스스로 만들어낸 현실을 살아가고 있었습니다. 자신이 얼마나 부족한 사람인지 의심하느라 머릿속이 늘 분주했죠. '나 괜찮은 걸까?', '저 사람이 저렇게 말한 진짜 속셈이 뭐지?', '내가 제대로 한 건가?', '뭘 빠뜨린 건 아닐까?', '이렇게 하지 말았어야 했나?'라는 생각이 끊이지 않았습니다.

이런 생각에 주의를 빼앗긴 나머지 제 몸이 얼마나 긴장하고 있는지도 알아차리지 못했습니다. 한시도 마음이 편할 리가 없었지요. 일일이 자각하지는 못했어도 머릿속에서 이런 생각을 멈추지 않고 테이프처럼 계속 돌리고 있으니 마음이 가볍고 행복할 리가 없었습니다.

이 생각들에 관심을 주지 않아도 된다는 것을 알게 된 날, 저는 신에게 계시를 받은 기분이었습니다. 그 뒤로 불안한 생각이 떠오를 때 그것을 사실로 받아들이지 않고 가만히 관찰하기로 했습니다. 생각이 떠오르는 거야 어쩌지 못하지만, 그 생각으로 저의 가치를 매길 필요는 없다는 걸 알게 됐으니까요. 저는 제멋대로 떠오르는 생각에 휘둘리는 대신 호흡하고, 보고, 듣고, 느끼는 데 집중했습니다. 만들어진 자아가 들려주는 이야기에 관심을 주지 않은 이후에는 이전보다 활기 넘치는 삶을 살게 되었습니다.

이제 당신 차례입니다. 방법은 단순합니다. 알람을 30분마다 울리도록 설정한 뒤, 알람이 울리면 지금 어디에 주의를 기울이고 있는지 확인하세요.

☐ 나는 지금 생각하고 있는가?

☐ 그렇다면 무슨 생각을 하고 있는가?

☐ 어떤 이야기를 자신에게 들려주고 있는가?

☐ 일정한 패턴이 보이는가?

☐ 무슨 감정을 느끼는가?

지금, 여기에 집중하기

자신을 제한하는 생각에 갇혀 있는 사람에게는 자신을 다른 방식으로 바라보는 것이 불가능해 보입니다. 이런 생각들이 사실이라고 굳게 믿고 있기 때문입니다. 하지만 자신을 제한하는 생각에서 주의를 옮기는 일은 얼마든지 가능합니다. 만들어진 자아가 들려주는 이야기에서 주의를 돌리면 그동안 얼마나 많은 것을 놓치고 있었는지도 깨닫게 됩니다.

앞서 살펴본 것처럼 주변에 집중하면 다른 사람들이 도란도란 이야기하는 소리가 들리고, 살갗을 스치는 보드라운 바람결이 느껴집니다. 의자와 나무, 책 같은 물건이 눈에 들어오고, 코를 통해 들어오고 나가는 숨이 느껴집니다. 이처럼 각각의 사물과 현상은 모두 우리가 알아차리지 못했을 뿐, 줄곧 여기에 있었습니다. 머릿속에 떠오르는 생각 외에 다른 어떤 것들이 현존하는지 주의를 옮겨 알아차리는 행위야말로 부정적인 생각에서 빠져나오는 유일한 통로입니다.

그런데 한 가지 더 알아야 할 사실이 있습니다. 지금 여기에는 우리가 보고, 듣고, 생각하고, 감각하는 대상만이 있는 게 아닙니다. 이 모든 것을 자각하는 경험이 존재합니다. 모든 대상에서 아주 잠깐이라도 벗어나 보세요. 그래도 무언가가 남아 있을 것입니다. 그것은 지금 이 순간 내가 살아 있다는 생동감입니다. 살아 있다는 느낌은 생각으로 식별하는 게 아닙니다. 지금 이 순간 살아 있음을 느끼는 경험은 부정할 수 없는 진실입니다.

현존하는 의식은 매 순간 우리의 중심에 있으며 온전하고 순수합니다. 거기에는 자신이 사랑받을 가치가 없다거나 형편없다는 생각이 깃들지 않습니다. 마음에 오가는 생각과 감정이 아니라 이 순수한 의식에 주의를 집중하면 자기 안에 존재하는 온전한 본질을 깨닫게 됩니다. 여기에 주의를 기울이고 머물 때 우리는 평온함에 이릅니다. 지금 당장은 이 평화를 인지하지 못할 수도 있지만, 이것이 바로 '진짜 나'입니다. 자기를 비난하고 의심하는 자아가 판단하는 내 모습은 허구이고, 살아 있음을 경험하며 지금 그대로 온전하고 자유로운 의식이 바로 참모습입니다.

마음에서 일어나는 생각과 감정에 단단하게 붙들려 있으면 현재를 알아차리는 경험을 자각하지 못할 수도 있습니다. 하지만 우리는 그동안 자각하지 못했을 뿐 어쩌면 알아차림에 익숙할지도 모릅니다. 생각해보세요. 즐거운 일에 시간 가는 줄 모르고 몰입한 적이 있지 않은가요? 걷잡을 수 없이 웃음이 터져 나오고 행복과 기쁨에 벅차오른 적이 있지 않은가요? 이런 순간에는 생각하는 마음이 멈추고, 이성의 간섭 없이 그 순간을 온전히 경험하게 됩니다. 이 순간이 바로 현재에 살아 있음을 느끼는 때입니다.

이 순간과 하나 되는 경험을 할 때 우리는 흔히 무아지경에 빠진다고 표현합니다. 이때야말로 우리가 참모습을 회복하는 순간입니다.

자기가 어떤 사람인지 더는 생각하지 않는 상태가 되면 우리는 참자아로 돌아가 한없는 평온을 누리게 됩니다.

특별한 순간을 기다릴 필요가 없습니다. 현재를 알아차리는 경험, 그런 경험에 수반되는 평온함은 늘 우리와 함께합니다. 자신을 무가치한 존재로 만드는 생각에 잠겨 있을 때도 참자아는 늘 여기에 있습니다.

과거의 슬픈 기억을 되새기며 괴로워하지 마세요. 또 자신이 만든 이야기를 긍정적으로 고치거나 바꾸려 애쓰지 마세요. 자기 바깥에서 해결책을 찾아 헤매며 전전긍긍하지 마세요. 그 대신 잠시 주의를 옮겨보세요. 현재를 온전히 느끼면 설령 일순간일지라도 완전한 평화를 맛볼 수 있습니다.

편안하게 앉아 알아차림을 훈련하는 시간을 가져봅시다.

☐ 호흡을 의식하며 숨을 들이쉬고 내쉰 뒤 몸에서 느껴지는 감각에 주의를 기울입니다.

☐ 주의를 옮겨 현재 경험할 수 있는 모든 요소에 초점을 맞춥니다. 그리고 어떤 생각, 감정, 감각이 일어나고 변하고 또 사라지는지를 관찰합니다.

☐ 다시 초점을 옮겨 그것들이 생겨나는 배경인 '알아차림'에 집중합니다. 이 상태에 머물 때 당신은 생생하게 살아 있음을 자각하고, 평화에 이릅니다.

이제 어떤 감정과 생각이 일어나더라도 그것들은 당신에게 영향을 미치지 못합니다. 마치 하늘에 떠다니는 구름처럼 생각과 감정 역시 잠시 생겨났다가 흘러가는 것에 지나지 않는다는 걸 기억하세요.

뇌는 왜 두려워할까

자기를 무능하게 여기는 자아가 우리의 본질이 아니라면 우리는 어째서 그 사실을 쉽사리 알아채지 못할까요? 괴로움에 빠져 지내는 것이 우리의 선택에 달려 있다면, 어째서 우리는 이를 선택하게 된 걸까요?

인간의 뇌와 신경계를 살펴보면 어느 정도 의문이 풀립니다. 인간은 물리적 개체로서 다른 동물과 마찬가지로 생존을 우선시하도록 설계되어 있습니다. 다시 말해, 인간은 자신이 처한 환경을 계속 감지하고 위협을 느끼면 신속하게 반응하도록 만들어졌습니다. 찰스 다윈Charless Robert Darwin이 1859년에 발표했듯, 우리 몸은 생존 경쟁을 위해 주변을 경계하고 방어하는 기제를 발달시켜왔습니다.

아프리카 초원의 가젤을 예로 들어볼까요? 굶주린 사자에게서 도망 다니는 가젤의 뇌는 자신의 존재에 위협이 되는 미세한 움직임도 파악할 수 있게 만들어졌습니다. 신경계에서 위협을 감지하면 뇌는 몸 전체에 경보를 울리고, 어떠한 수단을 써서라도 생명을 보존하려는 경계 태세로 돌입합니다.

우리는 가젤과 달리 굶주린 사자에게 쫓길 일이 별로 없지만, 우리 뇌에는 변연계라 불리는 원시적 구조가 남아 있습니다. 그리고 이 기능은 지금도 여전히 작동합니다. 변연계는 가장 먼저 위험을 감지하고 신경계를 자극해 우리 몸이 위험에 대처하도록 지시하지요. 위험한 상황에서는 거의 모든 세포가 자동으로 적과 맞서 싸우거나, 도망치거나, 아니면 얼어붙는 반응을 보입니다. 변연계는 인간의 감정 중에서도 가장 원초적인 '두려움'을 주관합니다.

인간의 뇌에는 고도로 발달한 대뇌피질 구조가 뇌의 표면을 감싸고 있습니다. 대뇌피질은 사고하고, 반추하고, 문제를 해결하고, 언어를 사용하고, 경험에 의미를 부여하는 기능을 합니다. 그런데 우리가 사고하는 과정을 알아차리고 제어하지 않으면 뇌는 기본적으로 부정적 정보에 활성화되는 경향이 있습니다. 이를 가리켜 '부정 편향Negativity Bias'이라 합니다. 즉 우리 뇌는 위험으로부터 몸을 보호하도록 설계되어 있으므로 뭔가 잘못되었거나 좋지 못한 상태를 감지하면 거기에 모든 주의를 돌리지요.

이 때문에 인간은 날 때부터 두려움에 민감하게 반응하고, 세상을 잠재적 위협이 가득한 곳으로 바라봅니다. 자신을 안전하게 지키려는 생각에 사로잡힌 나머지 긴장을 풀고 지내는 게 가능하다는 사실을 아예 잊고 지내지요. 따라서 우리가 괴로움에 빠지는 것은 놀랄 일이 아닙니다. 이 논리를 적용해보면 현재를 자각하는 경험에 머물면 평온하다는 사실을 깨닫기가 쉽지 않다는 것도 이해가 갑니다.

하지만 자신을 보호하려는 본능적인 방어 기제에도 틈이 있습니다. 사실 신경계는 이완된 상태를 좋아합니다. 우리 뇌는 쾌락을 즐길 줄도 알고, 호르몬을 방출해 우리가 사랑에 빠지게도 합니다. 애정에 가득 차서 사랑하는 상대의 눈을 바라보는 사람들을 떠올려보세요. 뇌는 기쁘고 즐거운 경험을 만들어내는 일에도 소질이 있습니다.

한편 뇌와 몸을 초월하는 것이 있습니다. 바로 모든 대상과 이 대상에 대한 관념을 모두 하나로 아우르는 '경험'입니다. 알아차림이라는 경험은 모든 것을 있는 그대로 받아들이기 때문에 어떤 것도 위협으로 여기지 않습니다. 그러니 방어할 필요도 느끼지 않게 되지요. 사람들은 위험을 두려워하고 자신을 보호하려고 합니다. 하지만 알아차림의 관점에서는 두려워할 게 전혀 없습니다.

'나는 실패할 것 같다'라는 생각이 떠올라 가슴이 두근거릴 때 역시 미처 깨닫지 못할지라도 알아차림의 경험은 존재합니다. '나는 사랑받을 자격이 없어'라고 생각할 때, 외롭고 허무하거나 길을 잃었다고 느낄 때도 마찬가지입니다. 부정적인 생각과 감정에 장악당한 상태일지라도 우리에게는 늘 가능성이 열려 있습니다.

현재를 자각하는 경험에 주의를 집중할 때 새로운 삶이 열립니다. 자신을 옭아매던 생각과 감정에서 풀려나면 모든 것을 새로운 관점에서 인식하게 됩니다. 그리고 자신의 가치를 멋대로 판단하던 습관에서도 해방됩니다.

삶을 충만하게 경험하는 알아차림은 우리의 안식처입니다. 만약 당신의 마음이 괴로운 상태라면 두려움과 결핍, 불안에 반응하도록 설계된 인간의 본능을 충실하게 따르고 있음을 의미합니다. 하지만 자신이 이런 각본에 장악당하는 중이라는 사실을 알아차린다면 비로소 평안과 안정을 찾을 수 있습니다.

최근에 두렵거나 위협을 느꼈던 순간을 떠올려보세요. 이때 당신의 몸은 아마 이렇게 반응했을 것입니다.

☐ 뇌에 있는 변연계가 위험을 인지한다.

☐ 자율신경계가 이 상황에 맞서 싸우거나 도망칠 태세를 갖추라고 신호를 보낸다.

☐ 뇌에서 사고 기능을 담당하는 부분이 자신을 보호하기 위해 이 상황을 해석한다.

이번에는 주의를 옮겨 '알아차림'에 초점을 맞추세요. 걱정, 불안, 압박감을 느끼게 하는 생각들을 잠시만이라도 놓아주세요. 두려움에 사로잡혀 어떻게든 자신을 지키려는 '나'를 측은하게 여기고, 있는 그대로를 인정하세요. 계속해서 알아차림의 공간에 머무는 법을 익혀야 합니다.

자신과 타인의 마음을 알아보는 힘

마음 처방전을 통해 평안을 얻으면 괴로움을 주는 생각이나 감정과 새로운 관계를 맺게 됩니다. 이 변화가 미치는 영향력은 매우 강력합니다. 마음에 일어나는 생각과 감정이 '나'의 본질을 흐린다는 사실에 눈을 뜨게 되기 때문이죠.

모든 것은 왔다가 사라집니다. 우뚝 서 있는 산 역시 한없이 견고해 보이지만 끊임없이 그 형태를 바꾸죠. 우리를 둘러싼 주변 환경도 계속해서 변화하고, 수많은 사람이 우리 인생에 들어왔다가 떠나갑니다. 하지만 이 알아차림의 경험만큼은 언제나 나와 함께하며, 절대 떠나거나 변하지 않으므로 전적으로 신뢰해도 좋습니다.

또 이 알아차림은 본질적으로 평온합니다. 바다가 자기 안에 있는 생물들과 아무 갈등 없이 지내듯이 이 역시 그 안에 어떤 대상이 나타나도 전혀 불편해하지 않습니다. 이런 물고기는 싫다고, 저런 파도는 마음에 들지 않는다고 거부하는 바다를 상상할 수 있나요? 알아차림 역시 마찬가지입니다. 우리 마음은 어떤 대상과 현상을 판단하고 거부하면서 자기 자신에 대해 무례한 말을 하고, 괴로운 감정을 불러일으킵니다. 하지만 알아차림에 머문다면 마음속에 소동이 일어나더라도 거기에 휩싸일 필요를 느끼지 않습니다. 어떤 것도 이 경험이 주는 평온함을 깨뜨리지 못합니다.

한계를 규정하는 생각들에 지배당하면 생동감 넘치는 삶을 살지 못합니다. 자기에게 부족한 것과 실망스러운 일을 판단하고 해결하는 데 집중하느라 에너지를 다 써버리기 때문입니다. 하지만 알아차림에 주의를 집중하면 끊임없이 일어나는 상념과 감정에 개의치 않게 됩니다. 부정적인 생각에 관심을 주며 망설이고 좌절하는 일을 멈출 수 있게 되면, 소소한 일상을 온전히 경험하고 감사하는 마음으로 에너지가 충만한 삶을 살게 됩니다.

알아차림이 주는 장점은 이 밖에도 더 있습니다. 여기에 주의를 집중하면 자신을 못나게 여기는 자아 때문에 발생한 혼란을 명료하게 정리할 수 있습니다. 이 자아는 자신을 보호하려고 두려움에 모든 촉각을 세웁니다. 하지만 모든 것을 위협으로 받아들이고 방어하는 장막이 걷히고 나면 경계가 풀어집니다.

또 자기는 물론 타인의 생각과 감정을 알아보는 힘이 생깁니다. 그래서 왜곡된 자아의 두려움이나 욕망에 따라 상대를 대하지 않고 그저 있는 그대로 받아들이게 됩니다. 익숙한 패턴에 따라 기계적으로 반응하지 않고 내면을 깊이 관찰한다면 거리낌 없이 사람들과 진심을 나누고, 자신에게 해를 끼치는 상황에서 언제든 벗어날 수 있습니다. 어떤 어려움이 닥쳐도 적절히 대응하는 분별력과 지혜가 생깁니다. 또 이를 반복하다 보면 대개는 긍정적인 사고를 갖게 됩니다. 이처럼 현재를 알아차리고 집중할 수 있는 사람은 물 흐르듯 걸림 없는 삶을 살아갈 수 있습니다.

마음이 현재에 있어야 행복하다

내담자 제인의 사례를 들어보겠습니다. 그녀는 결혼 생활이 불행하다고 생각했습니다. 상담 초기에는 특히 남편을 쉴 새 없이 비난했지요. 제인이 말하는 결혼 생활은 한마디로 엉망진창이었습니다.

저는 자기 내면을 들여다보고 마음의 평온을 되찾고 싶어 하는 제인을 꾸준히 응원하고 지원했습니다. 몇 달 뒤, 드디어 그녀의 사고와 가치관에 틈이 생겼습니다. 남편에게 느끼는 감정에서 관심을 끊어내자 의식이 확장되고 고통이 완화되는 경험을 하게 되었습니다. 매 순간 자신의 참모습을 찾고 평화를 누리는 법을 깨닫게 된 것이지요.

당신이 겪는 문제도 마찬가지입니다. 해법은 언제나 지금 이 순간에 있습니다. 자신을 어떻게 변화시킬지 근심할 필요도 없고, 고통스러운 과거를 지울 새로운 방법을 찾아 나설 필요도 없습니다.

아무리 열심히 궁리한다고 해도 미래에 발생할 문제를 모두 해결할 수는 없습니다. 이 방법은 그보다 훨씬 간단합니다. 당신이 관심둘 대상은 과거도 미래도 아닌 지금 이 순간뿐입니다.

자신이 붙들고 있는 괴로운 기억을 떠나보낼 수 있는 시간도 지금이 순간입니다. 현재 당신이 하는 경험은 과거의 일들이 누적된 결과일지 몰라도, 과거는 이미 흘러갔습니다. 지금 여기에 있는 것만이 실재합니다. '나는 아무래도 문제가 있다'라는 생각에서 벗어나게 될 시간 역시 마찬가지입니다.

지금 이 순간에 깨어 있는 마음은 언제나 편안합니다. 살다 보면 또다시 생각이란 놈이 나타나 당신을 휘어잡으려 하겠지만, 깨어 있는 마음으로 이 순간을 관찰한다면 자기에게 아무 문제도 없다는 사실을 깨닫게 됩니다. 당신의 참모습은 온전하고 무한히 평화롭습니다. 이는 어떤 경우에도 변하지 않는 진실입니다.

알아차림이라는 안전한 안식처에 주의를 집중하는 습관이 몸에 밸 때까지는 몇 번이고 다시 괴로운 생각에 사로잡힐 것입니다. 이는 지극히 정상입니다. 저 역시 그런 과정을 거쳤습니다. 만들어진 자아가 행사하는 영향력이 서서히 줄어들지라도, 포기하고 싶을 만큼 하루에도 수백 번은 괴로운 생각에 붙잡힐 것입니다.

내면을 탐사하는 이들에게는 헌신이라는 자질이 필요하다는 말을 기억하나요? 자신이 무엇을 원하는지 확실하게 알고 이를 위해 헌신할 때 원하는 것을 얻을 수 있습니다. 평화와 자유를 얻는 것은 분명 실현 가능한 목표입니다. 이를 기억하고 깨어 있는 마음을 유지하는 연습을 중단하지 말아야 합니다.

게다가 또다시 원치 않는 생각과 감정이 일어날 때 그 사실 자체를 자각했다면, 매우 기뻐할 일입니다. 이는 자신의 가치를 멋대로 판단하는 자아가 들려주는 이야기에서 벗어날 기회이기 때문입니다. 그럴 때는 다음 과정을 통해 알아차림을 경험해보세요.

- 떠오르는 생각을 사실로 받아들이거나 곱씹지 말고 호흡에 집중합니다.
- 누군가 당신을 속상하게 했다면 감정이 일어나는 대로 이야기에 살을 붙이지 말고 몸에서 느껴지는 감각에 주의를 집중합니다.
- 생각이나 감각 같은 대상에 집중하지 말고 순수한 의식 자체, 즉 알아차림 상태에 머물면서 자신의 본질인 평화를 경험합니다.

자신을 비판하는 목소리가 들릴 때마다 이 방법을 반복하세요. 이렇게 반복하는 사이 안고 있던 문제가 사라지고 습관이 바뀔 것입니다. 당신이 괴로운 이유는 자신이 만들어낸 생각과 감정에 관심이 사로잡혀 있어서임을 하루라도 빨리 자각하세요. 그리고 그 사실을 깨달았다면 당장 괴로운 상념에서 주의를 거두고 현재에 집중하세요.

어떤 사람은 일순간 상념에서 빠져나오는 정도로는 부족하다고 생각할지도 모릅니다. 진정한 깨달음을 얻었다면 늘 평화로워야 하고, 부정적인 생각에 사로잡혀 괴로워하는 일은 두 번 다시 일어나지 않아야 한다고 생각할 수도 있습니다. 제가 제시한 방법을 열심히 실천하지 않았거나 제대로 하지 않은 탓이라며 자신을 자책하는 이들도 있을 것입니다.

조건화된 사고는 반복해서 등장하기 마련입니다. 우리 마음은 과거로 돌아가 지난 일을 되새기거나 앞으로 달려가 미래에 닥칠 일을 걱정하는 습성이 있습니다. 하지만 포기하지 말고 이럴 때마다 주의를

돌려 지금 이 순간에 집중해야 합니다. 계속해서 지금 이 순간을 알아
차리려는 노력이 평화를 찾는 유일한 길임을 잊지 마세요.

　다음 장에서는 인간의 마음을 더 깊이 탐사하려고 합니다. 우리가
하는 '생각'은 어떤 패턴으로 우리를 행복에서 멀어지게 하는 걸까요?

과거에 일어난 일이 무엇이든, 그것 때문에

지금 이 순간을 살지 못할 이유가 없습니다.

– 에크하르트 톨레Eckhart Tolle

5장

생각에 관심을 주지 않는다

"~한 생각 때문에 견딜 수가 없어요. 어떻게 하면 이런 생각을 없애 버릴 수 있을까요?" 저는 내담자들에게서 이런 질문을 수도 없이 받았습니다. 그리고 이렇게 묻는 사람들에게 늘 깊은 연민을 느낍니다.

당신 역시 부정적인 생각이 머릿속을 가득 채우고 있을 때 이런 생각에서 벗어나기를 간절히 바랄 것입니다. 하지만 안타깝게도, 생각을 멈추거나 바꾸거나 아니면 아예 사라지게 해줄 마법 같은 비결은 없습니다. 이번 장에서 다룰 내용이 중요한 이유이기도 합니다.

특히 "너는 노력해도 안 돼"라고 속삭이는 자아는 생각만큼 간단하게 없앨 수 없습니다. 많은 사람이 부정적인 생각을 긍정적으로 바꾸라고들 조언하지만, 이 방법은 우리를 더 많은 생각에 얽매이게 할 뿐입니다. "나는 지금 이대로 아무 문제가 없어"라고 되새기면서도 그 말을 진심으로 믿지 못하기 때문이죠. 이 방법은 더 깊은 고통을 유발합니다. 게다가 머릿속에 떠오르는 생각을 긍정적으로 바꾸는 데 실패하면 자격지심이나 열등감이 더 심해지기도 합니다. '긍정적인 나'와 '부정적인 나'의 괴리감은 우리를 결코 행복하게 해주지 못합니다. 그렇다면 행복에 아무 도움이 되지 않는데도 계속 머릿속에서 솟아나 "나는 부족해", "나는 못났어"라고 속삭이는 생각을 어떻게 해결해야 할까요?

이 문제는 '생각에 관심을 주지 않는다'라는 세 번째 처방전으로 해결할 수 있습니다. 이번 장에서는 생각이 무엇인지 그 본질을 살펴보고, 생각이 주는 고통에서 벗어나는 방법을 확인하려고 합니다.

이어지는 글에서는 치료 원칙을 이용하여 마음에 일어나는 생각을 자각하는 법과 이런 생각에 지배당하지 않도록 지혜롭게 대처하는 법을 살펴보겠습니다. 그리고 자신을 무가치하게 여기는 정체성에서 벗어나는 도구로 '생각'을 이용하는 방법을 알아보겠습니다.

어떤 생각도 지속하지 않는다

먼저 '생각'이 무엇인지 그 본질을 살펴보도록 하겠습니다. 잠시 마음 안으로 주의를 옮긴 뒤, 눈을 감아보세요. 그리고 '생각이란 무엇인가?'라고 질문을 던집니다. 그다음 무엇이 느껴지는지 찬찬히 지켜보세요. 계속해서 지켜보면, 이 관념은 모습을 나타냈다가 어느 순간 사라집니다. 생각은 이처럼 영원히 지속되지 않습니다.

생각을 좀 더 잘게 쪼개어 분석해볼까요? 언어는 특정한 소리와 의미를 지닙니다. 이를 '낱말'이라고 합니다. 예를 들어, 고양이라는 소리 혹은 낱말은 '야옹' 하고 울음소리를 내고 몸에 털이 달린 작은 동물을 뜻합니다. 이처럼 우리는 특정한 소리에 특정한 의미가 담겨 있음을 배우고, 이 낱말들을 엮어서 상대가 이해할 수 있는 문장을 만드는 법을 연습합니다. 그리고 이 문장들이 머릿속에 떠오를 때 그것을 '생각'이라고 부릅니다.

이처럼 특정한 소리가 무엇을 뜻하는지를 알 때 생각은 우리에게 의미를 지닙니다. 만일 어떤 생각이 이해하지 못하는 언어로 떠오른다면 그것은 아무 의미도 없고 우리에게 어떤 영향도 미치지 못하겠지요.

하루에도 수많은 생각이 미처 알아채지도 못하는 사이에 흘러갑니다. 날이 춥다고 느끼면 스웨터를 꺼내 입고 슈퍼마켓에 들르면 항상 먹는 요구르트 제품을 집어 드는 것처럼, 떠올랐다가 바로 사라지는 생각들은 문제가 되지 않습니다. 자아 정체성을 좌우하는 내용이 아니기 때문입니다. 이런 생각은 휘발성이 강하고 흔적 없이 날아가기 때문에 고통을 유발하지 않습니다.

하지만 어떤 생각들은 문제를 일으킵니다. 어떤 스웨터를 꺼내 입으려고 했는데 찾을 수가 없다고 가정해봅시다. 심한 경우에는 이때부터 자신에게 상처를 주는 말들을 쏟아냅니다. '물건도 참 잘 잃어버리지. 이렇게 멍청할 수가. 나는 왜 이렇게 제대로 하는 일이 없을까? 어울리지 않는 옷을 입게 생겼으니 꼴이 얼마나 우스울까. 게다가 스웨터를 찾다가 시간이 늦어버렸잖아. 어쩜 좋아…'라는 생각이 꼬리에 꼬리를 물고 이어집니다.

자아 정체성에 달라붙는 생각이란 바로 이런 것들입니다. 우리의 관심을 붙잡고 마음에 오랫동안 머물면서 자기 자신과 세상을 바라보는 관점에 멋대로 색칠을 하죠. 이 관점은 우리가 행복과 멀어지게 합니다. 우리는 매일 수많은 생각을 떠올리며 살고, 대부분의 생각은 우리에게 아무 영향을 미치지 않습니다. 그렇다면 어떤 생각들은 왜 마음에 꼭 붙어 떨어지지 않는 걸까요? 그리고 이 생각은 어째서 자신을 못나게 여기는 정체성으로 변하게 될까요?

우리 마음을 붙잡는 생각들에는 공통점이 있습니다. 그것들은 모두 '나'에 관한 생각입니다. 구체적으로 말하면 '나'라고 지칭하는 자아에 관한 생각이죠. 이런 생각은 부정적인 감정을 만나면 더욱 거세게 일어납니다. 또 이 자아 관념은 강력하게 조건화되어 있어 마치 자석처럼 쉽게 우리의 주의를 끌어당깁니다. 그리고 우리는 이런 생각을 아무 거리낌 없이 그대로 믿게 되지요.

최근 저는 블로그에 글을 하나 올려 구독자들에게 그들이 사실로 믿고 있는 협소하고 부정확한 자아 관념을 공유해달라고 부탁한 적이 있습니다.

바네사는 이렇게 댓글을 남겼습니다. "'나는 뭘 해도 안 될 거야'라고 평생 믿고 살았어요. 별로 착하지도, 예쁘지도, 똑똑하지도 않다고 말이죠. 이런 생각들을 떨쳐버리고 싶지만, 마음대로 되지 않더군요."

제닌은 이런 말을 남겼습니다. "스스로 너무 모자라고 능력이 없다고 생각해요. 그래서 평생 고생할 팔자라고 믿으며 살고 있죠. 인생을 바꾸기에는 너무 늦었다는 생각이 들어요."

이처럼 조건화된 사고는 삶을 규정할 만큼 강력한 힘을 지닙니다. 이 힘을 약화할 수 있을까요? 물론입니다. 모든 생각, 특히 괴로운 생각에서 관심을 거둬들이면 됩니다.

떠오르는 생각에 관심을 주지 않는 일은 거의 불가능한 것처럼 보입니다. 그러나 부디 끝까지 마음의 문을 닫지 말고 그 변화를 지켜보기를 권합니다. 생각이 무엇인지 또 사고의 본질이 무엇인지 분석하고 나면 삶에 새로운 가능성이 열릴 것입니다.

자기 생각을 그대로 믿지 마라

마음에 일어나는 생각에 관심을 주지 않으려면, 우선 생각이 찾아오는 방식을 파악해야 합니다. 이를 범주별로 구분하고 거기에 맞는 대응 방법을 알아보겠습니다. 자신의 경험 속에서 어떤 생각이 떠오르는지 알아차리고, 다음에 제시한 대응 방법대로 실천한다면 이것들이 자신에게 어떻게 영향을 미치는지 이해할 수 있습니다.

과거의 기억

"3학년 때 담임 선생님 이름은 '바턴'이었어." "나는 어릴 때 그린 스트리트에 있는 한 주택에서 살았어." 이런 기억은 그 자체로는 해롭지 않습니다. 하지만 그 기억이 자기 자신에 관한 내용이고, 그로 인해 감정의 동요가 일어난다면 그 기억은 마음에 붙어 떨어지지 않을 가능성이 있습니다. 이처럼 계속해서 주의를 빼앗고 좀처럼 떨어지지 않으려고 하는 기억은 경계해야 합니다.

반복해서 떠오르는 기억이 있습니까? 그렇다면 이제부터 그 기억이 떠오르면 그저 의미 없는 소리로 간주하는 연습을 해야 합니다. 그 기억을 간략하게 몇 문장으로 적은 뒤, 문장을 구성하는 낱말을 보면서 그 말이 의미 있는 글자가 아니라 하나의 도형이라고 생각해보세요. 아무 의미 없는 모양이 되면 당신이 거기에 집착해야 할 이유도 없어집니다.

판단과 의견

사람들은 부지불식간에 자기에게서 결점을 찾아내고 또 누군가의 흠을 잡아 흉을 봅니다. 눈앞에 벌어지는 일을 보면서 어째서 그 일이 일어나면 안 되는지, 어떻게 해결해야 하는지 열변을 토하기도 하죠. 이처럼 판단과 의견은 자신이 알아차리지도 못하는 사이에 의식을 지배합니다. 이 모든 것은 '나'라고 하는 단단한 자의식에서 발생합니다.

당신이 자신을 어떻게 판단하고 또 다른 사람들을 어떻게 분별하는지 생각해보세요. 그다음 이런 판단이 자기 자신에게 또 세상에서 사람들과 관계를 맺을 때 어떤 악영향을 미치는지 찬찬히 떠올려보기 바랍니다. 이런 생각들이 자기에게 얼마나 해로운지 또 얼마나 많은 갈등을 초래하는지 느껴지나요?

이런 판단은 누구나 할 수 있지만, 거기에 의미를 부여하는 순간 번뇌가 시작됩니다. 판단하는 마음에 끌려다니지 말고 가만히 내버려두세요. 그러면 그 마음은 차츰 우리를 통제할 힘을 잃게 됩니다.

먼저 나 자신 그리고 다른 사람을 어떻게 판단하고 있으며, 이 생각이 나의 삶에 어떤 영향을 미치는지 생각해보세요. 그다음 어떤 사물이나 현상에 대한 내 의견이 행복을 얻는 데 방해가 되는지 아니면 도움이 되는지 깊이 고민해보세요.

기대와 예측

누구에게나 무슨 일이 생길 수 있습니다. 이를 제대로 이해하는 사람은 무한한 가능성에 마음이 열려 있는 사람입니다. 하지만 특정한 결과가 일어나기를 기대하거나 예측하는 즉시 가능성은 한 가지로 줄어듭니다.

당신은 소망이나 바람 혹은 앞으로 일어날 일에 관해 주로 어떤 식으로 예측하는 편인가요? 구체적인 훈련을 위해 다음 질문에 답해보세요.

- 어떤 상황을 피하기 위해 기대 혹은 예측을 하는가?
- 그 상황을 떠올리면 어떤 생각이 드는가?
- 그런 생각은 내 몸에 어떤 영향을 미치는가?

의심

의심에 사로잡힐 때 우리는 초조하고 불안해집니다. '다른 방법으로 해야 했나? 제대로 처리했는지 확신이 안 서. 어떻게 해야 하지?' 하며 답답하고 마음이 놓이질 않죠. 이 의심을 빨리 떨쳐내지 못할수록 마음은 서서히 망가집니다.

의심이란 자기 자신을 믿지 못하는 마음에서 비롯합니다. 의심을 계속 되새기는 것은 그 의심이 자기 안에서 커가도록 먹이를 주는 일이나 마찬가지입니다. 다음번에 또 의심이 들어 마음이 조마조마하거든 그 생각을 무시하고 가만히 지켜보길 권합니다. 곧바로 자기 안의 두려움을 알아차리는 경우도 있고, 아니면 가슴이 갑갑하거나 심장이 조여드는 느낌을 자각하기도 합니다. 자신만만하던 자기 안의 목소리가 어디론가 도망가는 모습을 발견하기도 합니다.

의미 부여

우리는 자신의 감정에 이런저런 명칭을 붙이며 일어난 일을 되새기고, 그런 뒤에는 해석을 덧붙여 이야기를 만듭니다. 그리고 이 이야기를 진실로 믿고 살아가지요. 예를 들어 어린 시절 아버지랑 헤어진 경험이 있다고 해봅시다. 당신의 아버지가 가족을 떠나버린 것은 사실이지만, 이 일로 자신이 무가치한 존재라고 해석하면 그 이후에 당신의 삶과 당신이 내리는 모든 선택에 악영향을 미치게 됩니다.

의미를 찾는 것은 인간만이 할 수 있는 중요한 일이기도 합니다. 하지만 어떤 해석이든 이를 검증하지도 않은 채 그대로 수용하면 자의적 해석에 따라 왜곡된 현실을 살아가게 됩니다.

당신의 인생을 당신이 주인공인 영화라 생각하고 주요 줄거리를 적어보세요. 그런 다음 당신이 자의적으로 해석하고 덧붙인 의미가 자신과 주변 사람들, 그리고 세상을 바라보는 관점에 어떤 영향을 끼쳤는지 돌아보세요. 이 해석은 물론이고 당신이 여기에 부여한 의미는 모두 허상에 불과합니다. 지어낸 이야기가 '나'라는 사람을 제대로 규정하지 못한다는 사실을 깨달았다면 이제 '나'에 대한 생각을 어떻게 다룰지 알아야 합니다.

'나'와 연관된 생각

'나'라는 자아와 연관되는 생각은 모두 '나'를 괴로움에 빠뜨릴 힘이 있습니다. 예를 들어 '나는 ~를 갖고 싶어', '나는 ~가 필요해'라는 생각들이지요. 그런데 여기서 우리가 지칭하는 '나'는 과연 누구일까요?

우리가 '나'라고 생각하는 자아는 사실 우리의 본질을 정확히 드러내지 못하는 거짓 정체성입니다. 이 자아가 하는 생각들을 사실로 믿는다면 현재를 제대로 직시하지 못하게 됩니다. 자신이 처한 상황을 명료하게 보지 못할 뿐 아니라 타인과 소통하는 데에도 온전히 집중하지 못하게 되지요. 모든 스트레스는 '나'라는 자아 관념에서 비롯합니다. 이 자아와 연관된 생각은 세상을 두려워합니다. 다시 말해, '나'는 밖에 있는 세계와 분리되어 여기 안에 따로 존재한다고 믿고 살아가지요. 마음에 일어나는 생각을 '나'와 동일시하다 보면 이 생각이 현실을 얼마나 많이 왜곡하는지 깨닫지 못합니다.

하루만 시간을 내어 '나'로 시작하는 생각을 살펴보세요. 먼저 한 시간 간격으로 알람이 울리도록 설정합니다. 그리고 알람이 울리면 한 시간 동안 떠올랐던 '나'와 연관된 생각을 곰곰이 되새겨보세요. 예를 들면 이렇습니다. '나는 이 일을 끝내야만 해.' '비가 내리네. 나는 맑은 날을 좋아하는데.' '상사가 나를 못마땅하게 여기는 것 같아.' 당신은 아마 거의 쉬지 않고 이런 생각을 하고 있었을 겁니다.

우리는 이렇게 별것도 아닌 생각에 끌려다니느라 평화를 놓치고 있습니다. 이 생각에 휘둘리지 않으려면 무엇이 '나'를 전체에서 분리하는지, 그리고 모자라고 불완전한 자아로서 세상을 살아가게 하는지 깨달아야 합니다. 생각을 깊이 들여다보지 않고 그저 사실로 믿은 채 살아간다면 사물과 현상을 보는 관점은 왜곡될 수밖에 없습니다.

'나'라는 자아와 연관된 생각이 자신에게 어떤 영향을 미치는지 돌아보는 시간을 가져봅시다. 당신을 힘들고 괴롭게 하는 생각을 적어서 목록을 만들어보세요. 시간을 들여서 가능한 한 꼼꼼하게 작성합니다. 그다음 각각의 생각이 과거의 기억, 판단, 의견, 기대, 의심, 자의적인 해석, 욕망, 필요 가운데 어디에 해당하는지 정리하세요.

이제 이 생각들이 당신에게 어떤 영향을 미치는지 느껴보세요. 당신의 삶과 당신이 맺은 인간관계에 어떤 결과를 초래했나요? 그리고 당신은 이런 상황을 어떻게 다루고 있나요?

참고로, 아무리 연습해도 생각이 자꾸 떠오를 때는 머릿속에서 들리는 소음이라고 생각하면 이를 벗어나는 데 도움이 됩니다. 당신이 이해하지 못하는 외국어로 들린다고 생각해도 좋습니다. 이런 소리들이 당신의 본질을 규정할 수 있나요? 아니면 잠깐 나타났다가 사라지는 대상에 불과한가요?

자기 자신에게 휘두르는 정서적 폭력

지금쯤이면 "나는 쓸모가 없어" 혹은 "난 틀려먹었어"라고 말하는 목소리가 실제로는 진짜가 아니라는 사실을 당신도 어느 정도는 이해했으리라고 생각합니다.

하지만 자아를 올바로 바라보기 시작했다고 해도 당신은 여전히 스스로 만든 이야기, 자의적인 판단이나 비난에서 벗어나지 못하고 있을 것입니다. 그리고 사람들이 당신을 인정하거나 사랑하지 않을 거라고 예측하며 좌절하곤 하겠지요. 이는 지극히 정상입니다. 단단하게 달라붙은 생각이 떨어져 나가기까지는 적잖은 시간이 걸립니다.

내담자 크리스틴은 자신이 사랑받을 자격이 없고 좋은 사람이 되기는 글렀다는 생각이 떠오를 때마다 이를 알아차리고 관찰하는 연습을 했습니다. 그리고 자기 생각 너머에 있는 광대한 의식을 경험하게 되었습니다.

하지만 크리스틴도 처음에는 익숙한 패턴을 버리지 못했습니다. 어떤 상황에 대해 감정적으로 반응하는 자신을 발견하고 자기 안에서 떠오르는 생각이 거짓임을 알아차리려 했지만, 이를 미처 깨닫기도 전에 부정적인 생각과 감정에 휩쓸리곤 했지요.

또 다른 내담자인 페니는 어느 날 상담을 받는 중에 "대체 그동안 무슨 엉터리 같은 생각을 했던 거지?"라며 크게 혼잣말을 했습니다.

이처럼 페니 역시 마음에 일어나는 생각이 거짓임을 모르지 않습니다. 하지만 여전히 머릿속 생각에 이리저리 끌려다니기도 합니다.

생각이 '나'를 규정하지 못한다는 사실을 알아가는 동안에는 인내심이 필요합니다. 아무리 노력해도 때로는 조건화된 사고에 넘어가 그것을 진실로 받아들일 때도 있을 것입니다. 하지만 자신이 거짓된 생각에 빠져 있음을 알아차릴 때, 그리고 괴로움에서 빠져나와 평안을 찾는 일에 헌신할 때 당신을 괴롭히는 생각은 차츰 떨어져 나갈 것입니다.

이처럼 생각이 우리를 고통스럽게 하고 삶을 장악한다는 사실을 깨닫게 되면, 생각이란 놈이 아예 사라졌으면 하고 바라는 사람도 있을 것입니다. 인간은 본래 쾌락을 좇고 고통을 기피하는 존재이므로 이렇게 반응하는 것도 당연한 일입니다.

하지만 이 전략은 성공하지 못합니다. 생각을 간단히 제거할 수만 있다면야 다들 그렇게 하고 영원히 행복하게 살아갈지도 모르지요. 하지만 생각을 제거하려는 일은 그 자체로 현재의 경험에 저항하고 싸워야 한다는 것을 뜻합니다. 이 과정이 끝날 때까지 마음의 평화를 유예한다는 의미이기도 하죠.

성가시게 자꾸 떠올라 우리를 우울하게 하는 생각을 멈추거나 바꾸지 못한다면, 그것들과 우호적인 관계를 형성해야 합니다. 이 생각과 친해지려면 어떻게 해야 할까요? 생각을 밀어내거나, 다른 생각으로 바꾸려고 애쓰거나, 자신이 무능하다는 생각을 곱씹지 않게 되는 날이 오기를 기다려야 할까요?

우리가 할 일은 이보다 더 간단합니다. 생각이 일어나는 것을 알아차렸으면 거기에 몰두하지 말고 마음에 떠오른 채로 그냥 놔두세요. 저절로 떠오르는 생각은 우리가 통제할 수 있는 게 아닙니다. 이를 제거하는 것 역시 우리 선택 밖의 일이지요.

하지만 떠오른 생각을 어떻게 할지는 스스로 선택할 수 있습니다. 그 생각을 사실로 받아들일 수도 있고, 지배당할 수도 있습니다. 아니면 그 생각에서 관심을 돌림으로써 그것들이 우리에게 아무 영향을 미치지 못하게 할 수도 있습니다.

떠오르는 생각에 관심을 주지 않는 일을 꽤 까다롭게 생각할지도 모르겠습니다. 하지만 이는 어렵지 않습니다. 먼저 이 생각들이 얼마나 파괴적일 수 있는지 알아본 뒤, 여기에서 벗어나는 구체적인 방법을 살펴보도록 하겠습니다.

자신을 하찮게 여기는 자아가 자기를 향해 내뱉는 언어는 때로 믿기 힘들 정도로 가혹합니다. 온갖 욕지거리에 자기를 깔아뭉개는 조롱이며 악담…. 이것들이 얼마나 끔찍한지는 당신도 잘 알 테니 굳이 구체적인 사례를 들지는 않겠습니다. 아마 당신은 다른 사람과 얘기할 때는 도저히 꺼내지 못할 심한 말도 자신에게는 서슴없이 던지곤 하겠지요. 이는 자기 자신을 향한 폭력입니다.

그런데 생각이 격렬한 감정을 끌어내지 않는 경우에는 관심을 끊는 것이 별로 어렵지 않습니다. 따라서 생각에 끌려다니지 않으려면 언어를 순화하는 것도 좋은 방법입니다. 머릿속에 떠오르는 생각을 관찰하면서 어떤 단어를 쓰는지 살펴보고, 부드럽고 상냥한 낱말로 순화해보세요. 이 말을 입 밖으로 내뱉는 방법도 자신을 향한 욕설과 심한 자책을 멈추는 데 도움이 됩니다.

내담자인 도나의 이야기를 해보겠습니다. 도나는 만들어진 자아가 떠올리는 생각과 이런 생각이 가져오는 괴로움에서 벗어나 자유를 얻고자 노력했지만 머릿속을 휘젓는 생각에 오랫동안 허우적거렸습니다.

그러던 어느 날, 저는 그녀를 괴롭히는 또 다른 무언가가 내면 깊숙이 숨어 있음을 찾아냈습니다. 도나는 특히 자신이 평정심을 잃고 흥분하는 상황을 끔찍이 두려워했습니다. 자제력을 잃지 않고 이성적으로 차분하게 문제를 해결하는 것은 그녀가 힘든 유년기를 버텨낸 유일한 방법이었고, 이 학습된 방법이 성인이 된 이후에도 그녀를 조종하고 있었던 것입니다. 도나에게는 자제력에 대한 집착 때문에 생긴 고통을 끌어안는 시간이 필요했습니다.

어떤 생각이나 기억이 머릿속에서 좀처럼 떨어지지 않거든 그 생각을 세밀하게 관찰해야 합니다. 그러면 자기 자신에 대해 품고 있는 생각이 모습을 드러내곤 합니다. 이를테면, 나는 행복을 누릴 자격이 없다고 비하하거나, 이대로 자제력을 잃고 흥분하면 무너지고 말 거라고 두려움에 떠는 모습을 발견하지요. 내면 깊숙이 숨어 있는 이야기를 들여다보려면 심리 상담사 등 전문가의 도움이 필요할지도 모릅니다. 협소한 자아가 들려주는 이야기 너머에 있는 자신의 참모습을 찾아 그 속으로 깊이 들어갈 때 누군가와 함께한다면 도움이 될 것입니다.

부정적인 생각을 끊어내는 기술

마음을 어지럽히는 생각에 관심을 주지 않기로 선택하는 일은 자신의 참모습을 찾아 나서기로 굳게 결심했을 때 비로소 가능한 행동입니다. 강력하게 조건화된 사고에 저항하고 여태껏 자신이 참이라 믿었던 모든 신념을 거부해야 하는 일이므로 그만큼 치열한 결정이기 때문입니다. 실제로 참이 아닌 것을 더는 믿지 않기로 선택하는 일이니 그만큼 현명한 선택이기도 합니다.

생각에 신경을 쓰지 않는 일은 우선 자신이 생각에 붙잡혀 있음을 깨달을 때 가능합니다. 다시 말해 이 훈련을 처음 하는 사람이라면 하루에도 수백 번씩 이 연습을 해야 한다는 말이기도 합니다. 생각이 떠오를 때마다 "그만!"이라고 말하면서 과거나 미래에서 빠져나와 현재에 주의를 돌려야 합니다. 자신을 판단하고 깎아내리면서 스스로 한계를 짓는 일을 뒤로하고 현재 펼쳐진 무한한 가능성에 마음을 열어보세요. 지금 이 순간은 다시 돌아오지 않습니다.

어떻게 하면 참자아로 돌아가 자신을 사랑할 수 있을까요? 마음에 일어나는 생각에 관심을 주지 않으려면 어떻게 해야 할까요? 당신이 생각에 사로잡혀 있음을 알아차린다면 심호흡을 하는 것부터 시작해보세요. 호흡은 자율신경계를 안정시키는 가장 간단한 방법입니다. 그런 후 다음에 제시한 방법을 따라 하세요.

- 떠오르는 생각에 귀 기울이지 말고 다른 곳으로 주의를 돌리세요. 실제로 고개를 돌리면서 생각을 외면하고, 손을 들어 올려 가로막아보세요. 그리고 괴로운 생각을 두고 떠난다는 마음으로 몇 발자국 앞으로 걸어가세요. 이처럼 실제로 거부하는 몸짓을 하면 생각을 떨쳐내는 데 도움이 됩니다.
- 그래도 생각이 계속해서 떠오르면 "이제 그만!" 혹은 "아니, 사양할래. 네 말에는 관심 없어"라고 소리 내어 말합니다.
- 포기하고 싶을 때면 생각이 얼마나 많은 괴로움을 초래하는지 상기하세요. 이 생각은 당신이 행복해지는 데 아무 도움이 되지 않습니다.
- 생각은 머릿속에서 들리는 소리에 불과합니다. 그저 의미 없는 소리로 들어 넘기거나 알아듣지 못하는 외국어라고 생각해보세요.

내담자 캐시는 생각에 휘둘리지 않는 방법을 연습하고는 목소리를 높이며 말했습니다. "아하, 아이들이 제가 하는 잔소리를 귓등으로 흘리듯이 떠오르는 생각을 무시하면 되는군요!" 맞습니다. 그런 식으로 흘려버리면 됩니다.

그런데 이 생각들은 당신이 관심을 주지 않으려고 하면 시비를 걸기도 합니다. '이 생각을 그냥 흘려보내면 안 돼. 정말이야. 꼭 들어야 하는 얘기라니까!'라며 관심을 끌려고 하지요. 하지만 여기에 휘말리면 더 많은 생각을 떠올리게 되고, 그만큼 현재의 순간에서 멀어집니다. 익숙한 패턴대로 진행되는 생각을 거부하고, 오로지 여기 이 순간 알아차림에 머물면서 자신을 관찰해야 합니다. 참모습을 오해함으로써 고통받는 자신의 모습을 자각해야 합니다.

"나는 쓸모가 없고 사랑받을 자격이 없어"라고 말하는 목소리는 왜곡된 자아이며 결코 당신의 참모습이 아닙니다. 자신을 비하하는 생각에 관심을 주지 않을 때 열린 마음으로 본질을 맞아들일 수 있습니다. 생각을 버리고 호흡에 집중하면 현재를 있는 그대로 무한하게 수용하게 됩니다. 자의적으로 해석한 이야기에서 벗어나 어떤 것도 거부하지 않고 반갑게 맞이할 때 평화를 찾을 수 있습니다. 제가 말하는 것들을 모두 이 순간 당신도 실제 경험할 수 있습니다. 당신의 참자아는 언제나 당신이 돌아오기만을 기다리고 있으니까요.

해로운 생각이 일어날 때마다 외면하는 연습을 하면 결국 그런 생각에 관심을 끊게 됩니다. 지금 이 순간에 고요히 존재하는 경험이 소중하다는 것을 깨닫게 되면, 떠오르는 생각에 동요하지 않고 열린 마음으로 그 생각을 지켜볼 수 있습니다.

하지만 생각이란 놈이 당신을 붙들고 놔주지 않을지도 모릅니다. 지난 일이 떠올라 머릿속을 가득 채우고 내내 떠나지 않을 때도 있지요. 후회하고 자책하는 생각이 꼬리를 물고 이어질 때는 우선 심호흡을 하면서 그 생각에서 주의를 돌린 다음, 열린 마음과 호기심을 품고 그 생각을 관찰하세요. 그다음 전혀 새로운 대상을 탐구한다고 전제하고 다음과 같은 질문을 던져보세요.

- 이 생각은 대체 무엇일까? 이 생각은 어떻게 떠오르는가?
- 이 생각이 내게 필요한가? 내게 없으면 안 되는 본질인가?
- 이 생각은 나나 다른 사람에게 도움이 되는가? 어느 정도로 쓸모가 있는가?
- 이 생각을 하고 있으면 어떤 느낌인가? 불안해지는가, 별 느낌이 없는가, 아니면 편안해지는가?
- 이 생각에 관심을 갖지 않을 수 있는가?

당신을 괴롭히는 생각의 정체를 있는 그대로 바라보면 그것은 당신을 폄하하고 본질에서 분리하는 소리의 집합에 불과하다는 것을 알게 됩니다. 그 내용은 사실도 아닐 뿐더러 마음의 평안을 방해합니다. 그런데도 왜 그 생각을 붙들고 있나요?

협소한 자아를 자신의 실체라고 믿고 그 자아가 하는 생각이 강력하게 달라붙어 있는 경우에는 하루에도 수십 번 이 질문들을 던져야 합니다. 제가 해줄 수 있는 조언은 간단합니다. "너는 문제가 많아"라고 속삭이면서 괴롭게 하는 거짓 자아의 꼬드김에 넘어가지 마세요. 무엇이 진짜이고 무엇이 가짜인지 생각을 관찰함으로써, 생각에서 벗어나 현재 이 순간의 경험으로 주의를 돌려야 합니다.

지금 당신을 불안하게 하는 한 가지 생각을 떠올려봅니다. 그다음 앞에서 제시한 질문을 하나씩 던져보며 그 생각이 미치는 영향력을 사라지게 한 뒤, 다음의 질문에 답해보세요.

- □ 내게 도움이 되지 않는 것 중 지금 당장 포기할 수 있는 것은 무엇인가?
- □ 인생이 나를 어디로 이끌기를 바라는가?
- □ 내가 가진 신념 중에 옳다고 믿었던 거짓 신념은 무엇인가?
- □ 내가 껴안지 못하고 기피하고 있는 감정은 무엇인가?
- □ 생각을 멈추고 호흡에 집중하면서 알아차림의 상태에 머물 수 있는가?
- □ 나는 누구인가? 혹은 나는 무엇인가?

질문을 던지는 것은 매우 중요한 훈련입니다. 협소한 정체성을 형성하는 생각들이 무엇을 왜곡하는지 알 수 있을 뿐 아니라 이 정체성에서 벗어나 자신의 본질을 있는 그대로 깨닫도록 안내합니다. 이 질문들에 솔직하게 대답한다면 자신이 발견한 사실에 깜짝 놀랄지도 모릅니다.

생각에 얽매일수록 행복은 멀어진다

"생각을 하지 않는다면 살아갈 방법을 어떻게 알아내죠? 단세포 동물처럼 아무 생각 없이 지낼 수만은 없잖아요." 내담자인 마크가 한 말입니다. 제가 그에게 오래전부터 형성한 신념, 즉 부정확하고 왜곡된 생각을 완전히 제거한 이후의 삶에 관해 생각해보라고 한 뒤 그가 꺼낸 말이죠.

마크는 자기 생각에 의지해서 삶을 사는 방식에 너무나 익숙한 나머지 한 가지 중요한 진실을 놓치고 있었습니다. 바로 우리가 생각을 하건 하지 않건 생명의 힘은 항상 존재한다는 사실입니다.

걱정을 끊어버리고 또 사랑과 안전을 어디서 찾을지 고민하지 않고도 살아갈 수 있을까요? 물론입니다. 살아가는 데 '나'라는 자아는 필요치 않습니다. 생각이 지배하는 영역 너머로 과감하게 뛰어드는 순간, 당신도 깨닫게 될 것입니다. 나를 분리하는 자아 개념 없이도 얼마든지 정상적으로 기능하며 살 수 있습니다.

생각 없이 어떻게 삶을 헤쳐나간다는 말인지 의아하겠지요. 많은 사람이 생각을 하면서 자신이 삶을 통제하고 있다고 착각하며 위안합니다. 어느 정도는 생각이 쓸모가 있다고 말할 수도 있습니다. 현상과 사물에 관해 일정한 신념을 가지고 있으면, 자신이 사는 세계를 정리하고 무슨 일이 벌어질지 예상하고 대비하는 데 도움이 되니까요.

하지만 그런 생각에 얽매여 살면 행복에서 멀어질 위험이 큽니다. "나는 이런 사람이야"라며 자신을 한정 짓고 분리된 자아를 진짜로 믿으면, 욕구를 채우기 위해 물질만 추구하게 될 가능성이 높습니다. 하지만 수시로 떠오르는 생각에 관심을 주지 않으면 그 생각에 휘둘려 뭔가를 선택하는 일이 없어지고, 깨어 있는 마음으로 현재를 경험하게 됩니다. 뭔가를 얻으려고 애쓰고, 궁리하고, 분석하고, 걱정하고, 소유하고, 전략을 짜는 모든 행위는 본질에 집중할 때 저절로 사라집니다. 생각에 이끌려 다니지 않을 때 우리는 인생을 있는 그대로 받아들이게 됩니다. 다른 사람과 인연을 맺을 때도 버림받거나 거절당할 것을 두려워하지 않고 무슨 일이 생겨도 겸허히 받아들입니다.

물론 실생활에 꼭 필요한 생각은 어쩔 수 없습니다. 하지만 욕망이나 잘못된 판단은 때로 본연의 지혜가 발현되는 것을 어렵게 합니다. 생각에 지배당하면 결국 자기 자신을 배신하는 삶을 살게 됩니다. 그로 인해 고통받으면서도 정작 자신이 왜 괴로운지 이해하지도 못하게 되지요. 생각을 멈추고 자신의 경험에 주의를 돌릴 때 문이 열립니다. 의식의 본질을 찾고 수시로 떠오르는 생각에 관심을 주지 말아야 합니다. 이렇게 할 때 당신에게 고통을 줬던 자아 정체성이 무너지는 것을 느낄 수 있습니다. 거짓된 자아가 속삭이는 말에서 주의를 돌리면, 생명의 에너지와 함께한다는 사실을 깨닫고 생각을 초월하는 본연의 지혜를 발견하게 됩니다.

다음 장에서는 내가 부족하고 사랑받을 자격이 없다고 느끼게 하는 정체성이 무엇인지 파악하기 위해 '감정'에 대해 살펴보겠습니다. 감정이란 무엇일까요? 우리 자신의 본질을 찾는 과정에서 감정이 실마리가 될 수 있을까요?

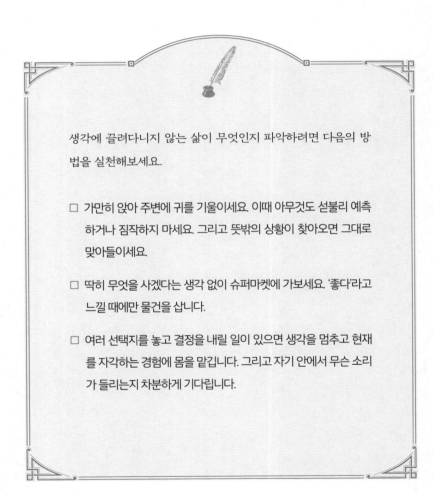

생각에 끌려다니지 않는 삶이 무엇인지 파악하려면 다음의 방법을 실천해보세요.

☐ 가만히 앉아 주변에 귀를 기울이세요. 이때 아무것도 섣불리 예측하거나 짐작하지 마세요. 그리고 뜻밖의 상황이 찾아오면 그대로 맞아들이세요.

☐ 딱히 무엇을 사겠다는 생각 없이 슈퍼마켓에 가보세요. '좋다'라고 느낄 때에만 물건을 삽니다.

☐ 여러 선택지를 놓고 결정을 내릴 일이 있으면 생각을 멈추고 현재를 자각하는 경험에 몸을 맡깁니다. 그리고 자기 안에서 무슨 소리가 들리는지 차분하게 기다립니다.

6장

감정에 휘둘리지 않는다

내담자 미셸은 청소하기를 어려워했습니다. 그녀는 자신의 집이 뒤죽박죽 엉망이라는 것을 알면서도 정리를 할 수가 없다고 말했어요. 환경은 감정과 연관되어 있습니다. 그만큼 그녀는 복잡한 감정을 느끼고 있었습니다. 그녀는 주변 환경도, 자신의 마음도 차분해지기를 간절히 소망했습니다. 하지만 그녀는 자신이 겪는 문제의 기저에 어떤 감정이 있는지 함께 살펴보려 하자 완강히 저항했습니다. 미셸은 자기 마음속 깊은 곳에 슬픔이 숨어 있음을 잘 알면서도 이 감정을 들여다보기를 거부했어요.

기분 혹은 감정(저는 이 책에서 이 두 단어를 같은 의미로 사용합니다)은 인간이라면 아주 자연스럽게 느끼는 것입니다. 누구나 비난을 받으면 부끄러움과 수치심을 느끼고, 사랑하는 사람을 잃으면 비통해합니다. 실재하든 상상 속이든 위험을 인식하면 두려움을 느끼고요.

감정이 일어나는 것은 통제할 수 없지만, 어떻게 반응할지는 스스로 결정할 수 있습니다. 그 감정에 말을 걸면서 포용하거나 외면할 수도 있고 모든 것을 조건 없이 반기는 무한의 공간을 발견할 수도 있습니다. 어떤 감정이든 따뜻하게 맞아주기로 선택하면 모든 아픔이 어둠에서 나와 알아차림의 빛으로 들어갑니다. 아픔을 어루만지고 수용할 때 마침내 그 감정에서 자유로워지는 것이지요.

이번 장에서는 우리가 느끼는 감정을 이해하는 법을 소개합니다. 이는 자신의 감정을 어떻게 다룰지 힘겨워하는 사람들에게 꼭 필요한 과정입니다. 격한 감정이 파도처럼 밀려올 때 사람들은 그 고통을 고스란히 느끼는 것이 두려워 이를 피하기 위한 온갖 방도를 궁리합니다. 혹시나 그 파도에 휩쓸려 떠내려갈까 봐 있는 힘껏 감정을 억누르며 아무렇지 않은 척합니다. 하지만 감정이 거세게 덮쳐서 미처 억누르지 못하면 결국 자신을 주체하지 못하는 상태에 빠지게 됩니다.

감정을 참는 것은 그 감정을 무시하는 일입니다. 이를 인정하지 않으면 혼란스럽고 불안한 기분에서 빠져나올 수 없습니다. 대부분의 사람은 감정을 묵살하거나 드러내는 걸 금기시합니다. 아니면 모르는 척하거나 못 느끼는 척하지요. 그러고는 일부러 다른 일에 정신을 쏟습니다. 바쁘게 일하거나 약물을 복용하거나 쇼핑을 하거나 남들 얘기에 열을 올리기도 합니다. 하지만 그런다고 해서 괴로운 감정이 사라지는 건 아닙니다. 우리를 괴롭히는 생각을 스스로 제어하지 못했듯이, 감정을 제거하려는 시도 역시 성공하기 어렵습니다.

감정과의 전쟁을 멈추고 평화를 찾기 위해서는 어떻게 해야 할까요? 먼저 앞서 살펴본 마음 처방전을 '감정'에 적용해보겠습니다. 먼저 첫 번째 마음 처방전대로 열린 마음과 호기심, 이해심을 품고 자신의 감정을 향해 주의를 돌립니다. 그다음, 두 번째 처방전대로 알아차림의 안전한 안식처에 주의를 집중합니다. 그러면 부정적인 감정에 휘둘리지 않고 이를 객관적으로 관찰할 수 있지요. 그리고 세 번째 처방전대로 감정이 들려주는 이야기에 관심을 주지 않습니다. 그 뒤에는 네 번째 처방전에서 제안한 대로 애정 어린 시선으로 자신의 감정을 용납해야 합니다.

감정을 받아들이되 짓눌리지 마라

감정에는 두 가지 요소가 있습니다. 첫 번째는 감정과 관련한 이야기입니다. 즉 그 감정에 당신이 붙인 이름, 관련된 사건, 자신이 느끼는 기분에 대한 묘사, 그 감정에 어떻게 반응할지에 대한 생각입니다. 두 번째는 그로 인해 몸이 느끼는 여러 감각입니다.

우리는 자신의 경험에 이런저런 해석을 붙이곤 합니다. 하지만 이는 진짜가 아닌 경우가 많습니다. 감정에 대한 이야기는 대체로 극적인 요소로 가득 채워지는 편이죠. 반면 몸에서 느끼는 감각은 현재 경험을 있는 그대로 보여줍니다. 그러나 우리는 보통 생각과 감정에 사로잡힌 나머지 몸에서 일어나는 감각의 세계를 자각하지 못합니다.

최근 집에 수리할 게 있어서 수리공과 약속을 잡은 적이 있습니다. 그런데 수리공은 약속한 시각에 오지 않았고, 연락도 받지 않았습니다. 제 마음속에서는 짜증 가득한 목소리가 프로답지 못한 수리공을 질책했습니다. 그 목소리는 수리공이 어찌어찌 행동했어야 마땅하다고 따졌으며, 어서 다른 수리공을 불러서 문제를 해결해야 한다고 주장했습니다. 모두 스트레스를 유발하는 부정적인 생각이었지요. 한참을 그러다가 주의를 돌려 몸에서 일어나는 현상을 관찰했더니 목과 어깨 그리고 턱 근육이 경직된 게 느껴졌습니다.

어떤 감정이 일어날 때 자신의 몸을 관찰해보세요. 불안이나 짜증을 느끼면 몸 곳곳이 경직되기 시작합니다. 따분함, 압박감, 슬픔, 분노가 일 때도 마찬가지입니다.

지금 혹은 최근에 느낀 감정을 하나 떠올려볼까요? 그 감정은 정확히 무엇이었으며 또 몸에서는 어떤 감각이 느껴졌는지 설명할 수 있나요?

우리는 앞의 과정을 통해 마음을 지배하는 생각이 무엇인지 알게 됐습니다. 또한 이 생각에 주의를 기울이는 일이 마음의 평화와 행복에 도움이 되지 않는다는 사실도 깨달았지요. 우리는 이제 머릿속에서 떠오르는 생각을 귀담아듣지 않을 때 마음이 훨씬 평온해진다는 것을 잘 알고 있습니다.

하지만 감정을 외면하는 일은 쉽지 않습니다. 따라서 몸에서 느껴지는 감각에 집중하는 연습은 무척 중요합니다. 의도적으로 몸의 감각에 집중하면 감정에서 주의를 돌릴 수 있기 때문입니다. 이 일에 익숙해지면 우리를 괴롭히는 감정의 지배력에서 벗어날 수 있습니다. 신체 감각은 그저 왔다가 사라지는 대상에 불과하기에 거기에 집착할 필요가 없음을 알게 되는 것이지요.

다시 말해, 가슴이 답답한 증상이 나타날 때 과거의 경험을 떠올릴 필요는 없습니다. 속이 울렁거리는 증상이 나타나면 거기에 불안함이라고 이름을 붙여야 할 이유도 없지요. 신체 감각이나 감정이 그저 나타났다가 사라지는 일시적 경험이라면, 거기에 특별한 의미를 부여할 필요가 있을까요?

몸의 감각에 집중하라

여기서 목표는 감정을 제거하거나 추방하는 게 아니라 온전히 받아들이는 것입니다. 알아차림 안에서 감정을 있는 그대로 맞이하는 것이야말로 고통스러운 감정에서 벗어나는 유일한 방법입니다. 그러다 보면 감정이 끓어오르는 일도 갈수록 줄어듭니다.

감정을 받아들이는 기술

무언가를 반긴다는 것은 열린 마음으로 다정하게 맞아들이는 일을 뜻합니다. 친구가 집에 찾아왔을 때 당신은 어떻게 행동하나요? 아마 환하게 웃으며 맞이하고, 마음 놓고 편하게 머물도록 따뜻하고 친근한 분위기를 조성하겠지요.

감정을 반기는 일도 이와 같습니다. 두려움, 슬픔, 수치스러움, 외로움이 느껴질 때 의식의 문을 열고 이들을 반갑게 맞아들여야 합니다. 감정이 마음속에 소용돌이치고 있음을 자각한다면 그때가 곧 훈련을 시도할 순간입니다. 먼저 생각을 멈추고 호흡하세요. 깊게 숨을 들이쉬고 내쉬는 과정 자체에 집중하며 자율신경계를 진정시킵니다.

호흡은 감정이 만들어내는 이야기에서 주의를 돌리는 출발점이자, 마음이 현재로 귀환하는 입구입니다. 의식적으로 호흡에 집중하면 안도감이 생깁니다. 천천히 호흡하며 "괜찮아. 마음에 감정이 일고 있지만, 나를 삼켜버리지는 못할 거야. 이제 새로운 방식으로 감정과 관계 맺을 수 있어"라고 스스로 되뇌어보세요.

알아차림 안에 안전하게 머물 때 이 순간 존재하는 신체 감각을 자각하게 됩니다. 제가 드릴 지침은 간단합니다. 모든 것을 다정하게 수용하는 알아차림 안에서 몸에서 일어나는 모든 감각을 그대로 수용하세요. 수축과 떨림, 단단하게 뭉친 근육, 미세한 긴장을 느끼거나 뻣뻣함, 부드러움, 무감각 혹은 비어 있음을 느낄지도 모릅니다. 감각은 강렬할 수도, 미미할 수도 있습니다. 시간을 들여 천천히 열린 마음으로 모든 감각을 있는 그대로 관찰하세요.

신체 감각을 받아들이는 과정에서 예상치 못한 일이 벌어지기도 합니다. 감각의 강도가 달라지기도 하고 다른 곳으로 이동하거나 온 데간데없이 사라지기도 하지요. 정해진 목표는 없습니다. 그저 알아차림이라는 의식이 되어 모든 감각을 수용하면 됩니다. 그것들이 바뀌거나 소멸하도록 만들라는 것이 아닙니다. 당신이 할 일은 이 순간 흘러넘치는 생명력을 반갑게 맞이하면서 현재 존재하는 것들과 온전히 함께하는 것입니다.

이런 감각에 의미를 부여할 필요도 없습니다. 그저 가만히 존재하면서 감각이 원하는 대로 내버려 둡니다. 만약 또다시 어떤 생각이 떠올라 이야기를 들려주려 하면 다시 몸의 감각에 주의를 되돌리고 알아차리는 일에 집중하세요. 감각 자체에 깊이 몰두하면 알아차림과 감각이 더는 분리되지 않고 하나가 됩니다. 현재를 알아차리는 의식, 즉 알아차림은 모든 것을 한없이 포용하는 공空의 세계이며 안전한 안식처입니다. 감정은 분명 또 일어날 테지만 알아차림 역시 여기에 존재한다는 사실을 잊지 말아야 합니다.

감정이 일어날 때마다 함께 따라오는 감각들을 반갑게 맞이하면 감정의 힘이 차츰차츰 약해집니다. 더는 감정을 피하거나 밀어낼 필요가 없음을 알게 되면 감정 역시 당신의 몸과 마음에 자신의 잔재를 남기지 않는 것이지요. 이렇게 해서 감정은 영향력을 상실합니다.

뜻밖의 기쁨을 얻는 순간에도 마찬가지입니다. 예전 같으면 기쁨과 동시에 불안이라는 감정에 휘둘렸을지 모르지만, 변화를 경험한 후에는 조용히 평온을 누릴 수 있습니다. 이 평온함은 중용의 태도로 나타나기도 하고, 어떤 것에도 집착하지 않는 태도로 나타나기도 합니다.

내담자인 롭도 비슷한 경험을 했습니다. 불우했던 어린 시절의 이야기를 저에게 털어놓은 날, 롭은 생전 처음으로 가슴이 불덩이처럼 뜨거워지는 경험을 했습니다. 그는 그 감각을 고치거나 없애려 하지 않았고, 그저 가만히 지켜보았습니다. 그랬더니 놀랍게도 당혹감이 사라지고 마음이 평온해졌습니다.

이제 당신 차례입니다. 감정을 기꺼이 수용하는 연습을 해보세요. 이 지침을 읽고 나서 바로 눈을 감고 실천해보세요. 먼저, 들숨과 날숨에 집중하며 몇 차례 심호흡을 하고 현재에 머물면서 어떤 감각이 떠오르든 반갑게 맞이합니다. 때로 어떤 감각은 너무 거세게 밀어닥치겠지만, 밀어내지 말고 당신 안에서 자유롭게 머물도록 허용하세요. 감각을 온전히 수용한다면 미세한 신체 감각까지 모두 받아들일 수 있습니다. 할 수 있는 한 천천히 오랫동안 감각을 반기는 연습을 함으로써 실재에 눈이 뜨이는 경험을 하기 바랍니다.

오래 붙들고 있던 감정에서 벗어나기

신체 감각을 받아들이는 연습이 중요한 이유는 그것이 한편으로는 감정으로 인한 고통을 해소하는 데 필요한 해결책이기 때문입니다. 감정을 표현하는 것은 인간의 기본 속성으로, 성장 과정에서 이를 어떻게 경험했는지에 따라 훗날 감정에 대처하는 방법이 달라집니다.

지금 우리가 스스로 감정을 수용하는 법을 가르치고 있듯이, 어린 시절에 느꼈던 감정 역시 무조건 수용받아야 합니다. 하지만 양육자에게 거부당한 경험이 있다면 그 감정을 어떻게 처리해야 할지 고민할 수밖에 없었겠지요. 대부분의 사람은 감정을 거부당하면 그 감정을 의식 밖으로 밀어내고 깊숙이 묻어버립니다. 그러면 이 감정은 길게는 수십 년 동안 억압된 채 마음속에 남게 됩니다. 그러는 사이 별것 아닌 일에도 감정적으로 반응하게 되고, 한편으로는 자신이 왜 그러는지 머리로 이해해보려고 생각에 골몰하곤 합니다. 이 상황이 반복되면 결국은 자신을 무가치하거나 사랑받을 자격이 없는 존재로 여기게 됩니다. 마음이 언짢거나 슬픈 일이 생기면, 자기에게 문제가 있기 때문이라고 결론 내리지요.

마음의 평정을 되찾는 일은 감정을 반갑게 맞이하는 것에서 시작됩니다. 현재에 머무는 경험은 내면의 전쟁을 종식하는 중재자 역할을 합니다. 감정을 기꺼이 수용하는 연습은 억압된 에너지를 풀고, 나와 나 자신을 분리하는 장벽을 무너뜨립니다. 현재에 의식을 집중하고 그 안에 머물 때 감정적으로 격한 반응을 보이는 대신 고요와 평안을 되찾을 수 있습니다.

오랫동안 방치해둔 감정은 어렸을 때의 자기 모습과 같습니다. 아버지에게 불벼락을 맞을 것이 두려웠던 두 살배기 아이일 수도 있고, 주변 사람들에게 관심을 사려고 애쓰던 다섯 살짜리 아이일 수도 있습니다. 이 해소되지 않은 감정이 무엇인지 파악하면 자신의 과거를 이해하는 데 도움이 됩니다.

내담자 타니아는 이 과정을 통해 자기 안에 슬픔에 잠긴 소녀가 있음을 알게 되었습니다. 그 소녀는 삼촌에게 지속적으로 학대당하고 있음을 아무에게도 말하지 못하는 초등학교 3학년짜리 아이였죠. 타니아는 슬픔이 언제부터 시작되었는지 배경을 살피고 나서 그 감정을 깊은 연민으로 수용할 수 있었습니다.

하지만 숨은 감정을 한번 수용했다고 해서 그 감정이 사라지는 것은 아닙니다. 이후로도 감정은 본래 속성대로 계속 우리를 찾아올 것입니다. 다만 우리가 그것을 예전과는 다르게 받아들일 수 있습니다. 어떤 감정이 떠오르든 마음을 활짝 열고, 이를 껴안는 일이 얼마나 따뜻한 경험인지 느껴보세요. 아무것도 거부하거나 고치려고 하지 말고 그저 조건 없이 수용하세요. 머릿속을 어지럽히는 생각은 결국 잠잠해지고, 자신에 대해 갈수록 더 깊이 알게 됩니다. 그러고 나면 신기할 정도로 생명력이 넘치는 자아를 만나게 될 것입니다.

빈번하게 일어나는 감정을 하나 떠올려보세요. 내면을 찬찬히 들여다보면서 이 감정에 나이를 매기는 시간을 가져보세요. 이렇게 물어보는 겁니다. "넌 몇 살이니?" 그다음에는 그 감정을 껴안아주는 연습을 해보세요.

거센 감정에 휩쓸렸을 때

내담자 마리아의 사례를 들어보겠습니다. 마리아는 누구보다 자신을 속박하는 과거에서 벗어나고 싶다는 열의가 강했습니다. 하지만 자신의 감정을 들여다보는 일을 극도로 어려워했습니다. 자신이 인지하게된 지난날의 고통이 너무나 컸던 것이지요. 결국 그녀는 두려움을 느끼고 그 감정을 외면했습니다.

괴로움을 근본적으로 치유하는 길은 자신의 본질이 순수한 의식 자체라는 사실을 깨닫는 데 있습니다. 하지만 전체에서 분리된 자아로 자신을 규정하는 생각, 그리고 거기에서 비롯되는 감정은 우리를 장악하고 마음대로 조종합니다. 아픔, 분노, 공포, 슬픔 같은 감정이 우리의 의식 공간을 차지하면 감당하기 어려울 만큼 마음이 심란하고 괴롭습니다.

만일 당신이 이 경우에 해당한다면 감정을 곧바로 수용하기보다는 중간 단계를 거치는 것이 좋습니다. 이 단계는 감정의 강도를 낮추는 게 아니라 고통과 혼란을 대면하고 수용하는 과정에 익숙해지도록 하는 과정입니다. 만일 자기의 아픔에 무감각한 상태이거나 오랜 세월 외면해왔다면, 그 감정을 대면할 준비가 될 때까지 중간 단계를 거치면서 조금씩 현재에 집중하는 연습을 하면 좋습니다.

다음 소개하는 연습 방법을 반드시 그대로 따라 할 필요는 없습니다. 도움이 되면 그대로 실천하고 자기에게 맞지 않으면 무시해도 됩니다. 협소한 거짓 자아에서 눈을 떼 당신의 참자아가 지닌 자유를 주목하도록 도와주는 하나의 도구에 불과하니까요.

의식하며 호흡하기

호흡은 감정을 주체할 수 없을 때 이를 잠재우는 특히 유용한 방법입니다. 호흡 자체에 주의를 기울이며 심호흡을 하면 자율신경계가 이완되고 몸의 경직이 풀어집니다.

먼저 눈을 감고, 호흡하는 감각에 주의를 집중하면서 숨을 들이마시고 내뱉습니다. 폐에 있는 숨을 모두 내쉬고 다시 들이쉬며 공기를 채웁니다. 숨을 들이쉴 때는 횡격막이 확장되고 몸 전체가 팽창하는 것을 느껴보세요. 그런 뒤 숨을 깊이 내쉬세요. 숨을 내쉬는 시간은 들이쉬는 시간보다 살짝 길게 유지합니다. 필요하다면 한 손을 가슴에, 다른 손은 배에 얹고 움직임을 느끼면서 심호흡을 해보세요. 서두를 필요가 전혀 없으니 시간을 갖고 천천히 해보기 바랍니다.

마음의 준비가 되었다고 느끼면 호흡에 기울이던 주의를 돌려 몸에 느껴지는 다른 감각을 알아차리는 연습을 해보세요. 감각이 느껴지는 부위에 몇 초, 가능하다면 그 이상 집중합니다. 만일 이 경험이 두렵게 느껴진다면 다시 호흡에 주의를 집중하세요.

신체 어루만지기

때로는 너무 고통스러워 감정을 곧바로 수용하기 어려울 때가 있습니다. 그럴 때는 보살핌을 받는 기분을 몸으로 느끼게 해주어야 합니다. 자신을 껴안거나 팔이나 목, 머리, 얼굴 혹은 어깨를 어루만져주면서 몸의 감각에 주의를 기울입니다. "잘 해낼 거야" 또는 "괜찮아"라고 가만히 속삭여보는 것도 좋습니다.

이렇게 정서적 고통의 수준을 완화하는 방법을 활용하면 더 깊은 내면으로 들어갈 수 있습니다. 마음이 준비되면 알아차림이라는 안전한 안식처로 주의를 넓히세요. 이 순간 존재하는 모든 신체 감각을 반갑게 맞이하세요. 그 모든 감각과 경험이 곧 당신이니까요.

주변 환경에 주의를 돌리기

내면의 경험에 주의를 기울이는 것 자체가 너무 힘들 때는 주변 환경에 주의를 돌려보세요. 그리고 몸의 감각을 통해 느껴지는 모든 대상에 하나하나 이름을 붙여보세요. 피부에 스치는 공기, 지저귀는 새들, 바람에 흔들리는 나무, 탁자, 의자 등 어떤 것이든 좋습니다. 보고, 듣고, 맛보고, 냄새 맡고, 만지며 그것들의 이름을 천천히 불러봅니다.

아니면 땅을 밟고 일어나 심호흡을 하면서 가슴과 배에 손을 얹고 대지와 당신이 하나로 연결되어 있음을 느껴보세요. 이 같은 방법은 현재를 온전히 경험할 마음의 준비를 하는 데 도움이 됩니다.

마음이 원하는 방향으로 나아가기

마음이 뒤죽박죽 혼란스러울 때는 이 순간 자신이 정말로 원하는 것이 무엇인지 곰곰이 성찰해보세요. 당신은 이 순간을 어떻게 경험하길 바라나요? 당신이 바라는 것을 기도하듯이 하나씩 되뇌어보세요. 평안, 차분함, 편안함, 의연함, 고요함….

감당하기 힘든 감정이 거세게 밀려오면 방금 제시한 네 가지 중에 어느 것이라도 실천하면서 마음을 가라앉힙니다. 그런 다음 그 감정을 향해 주의를 돌립니다. 괴로운 마음이 들겠지만 그 감정이 당신은 아닙니다. 감정이 들려주는 이야기에 관심 줄 필요가 없습니다. 그다음 주의를 옮겨서 몸에서 일어나는 감각에 집중하세요. 마음을 활짝 열고 모든 감각을 기꺼이 맞이하면서 현재에 머뭅니다. 어떤 것도 거부하지 말고 이 순간의 경험과 하나가 되세요. 그 순간 당신은 현재를 온전히 자각하는 의식 자체로 존재합니다.

감정을 마주하는 게 두렵다면

대부분의 사람처럼 당신 역시 여태껏 살펴본 적 없는 감정과 마주하기가 두려울지도 모릅니다. 무엇이 튀어나올지 모르기 때문이죠. 생전 처음 느끼는 감각에 기겁을 하고 도망가기도 하고 머리가 하얘지

기도 할 것입니다. 이런 경우에는 그 감각을 자각하고 받아들이기가
쉽지 않습니다.

현재 느끼는 감정과 그에 수반되는 신체 감각을 대면하지 않으려
는 데에는 두려움이 자리하고 있습니다. 이처럼 억압된 감정을 향해
의식을 집중하고 경험하는 일을 두려워하는 데에는 여러 가지 이유가
있습니다. 예를 들면 다음과 같습니다.

- 오랜 세월 피해왔던 감정을 이제 와서 대면하기가 겁난다.
- 고통스러운 감정을 끝까지 들여다보지 못할까 봐 두렵다.
- 그 감정을 받아들일 자신이 없다.
- 감정에 압도되어 어쩔 줄 모르는 상황에 부닥치게 될까 봐 두렵다.
- 고통스러운 감정을 대면하고 나서 눈물이 멈추지 않을까 봐 두렵다.
- 마음이 뒤숭숭하고 불편해질까 봐 걱정된다.

어쩌면 당신은 괴로운 감정을 붙들고 있는 자신을 합리화하고 있
을지도 모릅니다. 어떤 감정은 다른 사람에 의한 것이므로 그 사람이
사과하면 모든 게 정상으로 돌아오리라고 생각할 수도 있습니다.

살다 보면 괴롭고 힘든 일이 생기기도 합니다. 대부분의 사람은 굳
이 아픈 감정을 들여다보려 하지 않습니다. 이유야 각기 다르겠지만
자기 내면을 들여다보는 일에 두려움을 갖는 것도 이해할 만합니다.
하지만 두려움을 벗어나지 못하면 영원히 감정의 소용돌이에서 빠져

나올 수 없습니다. 두려움을 극복하고 기쁜 마음으로 현재의 감정을 맞이해보세요. 오랜 시간 외면했던 감정을 용기 있게 껴안고 현재를 자각할 때 자유를 얻습니다.

내담자 데이비드는 심각한 우울증에 시달리는 어머니 밑에서 성장했습니다. 그의 어머니는 종종 몇 주씩 침대 밖으로도 나오지 않곤 했습니다. 아버지 역시 일하느라 집을 자주 비웠기 때문에 어린 데이비드와 여동생은 모든 문제를 스스로 해결해야만 했습니다. 데이비드는 어머니가 자신의 눈을 가까이에서 바라보며 이렇게 말했던 순간을 또렷이 기억합니다. "엄마가 너무 우울해. 이 짐을 네게 떠넘기다니 미안하구나. 하지만 엄마도 어쩔 도리가 없어."

그 뒤로 수십 년이 흘렀지만 데이비드는 사람들과 시선을 맞추는 일을 불편해합니다. 사람들을 만나 얘기를 나눌 때마다 거의 매번 시선을 피하죠. 데이비드는 자신이 사람들과 친밀한 관계를 쌓는 데 스스로 장벽을 쌓고 있음을 잘 압니다.

저는 데이비드 앞에 놓인 의자에 베개를 올려놓았습니다. 그리고 이 베개가 어머니라고 상상하고 아무 말이든 해보라고 말했습니다. 데이비드는 베개를 똑바로 바라보지 못했습니다. 베개에 잠시 눈길이 닿기만 해도 슬픔과 좌절감이 밀려들었습니다. 그는 아주 오랜 세월 이 감정을 억압하고 있었지요.

고통스러운 감정을 거부하려는 행위는 인간의 본능입니다. 하지만 언제까지고 감정을 외면할 수는 없습니다. 자신의 경험에 주의를 돌리는 첫 번째 처방전이 중요한 이유입니다. 만일 자신의 감정을 경험하는 일을 계속 기피한다면 아무것도 바뀌지 않을 것입니다.

사람들은 아픔과 고통을 깊이 묻어두고 자기 바깥에서만 해결책을 찾곤 합니다. 자신이 꿈꾸던 사랑을 베풀어줄 사람을 기다리고, 상처를 준 사람이 "내가 잘못했다"라고 말해주기를 기약 없이 기다리며 막연하게 행복해지기를 꿈꾸지요. 이래서는 영원히 고통에서 벗어날 수 없습니다.

이제 용기를 내어 부끄럽고 절망스러운 감정에 주의를 기울여보세요. 당신은 과거를 바꿀 수도 없고 감정이 일어나지 않도록 만들 수도 없지만, 현재 경험하는 감정을 어떻게 이해할지는 선택할 수 있습니다. 다른 해결책이 나타나기를 기다릴 필요 없이 이 순간의 경험에 주의를 기울이면 됩니다. 감정은 당신이 따뜻하게 반겨주고 안아주기를 기다리고 있습니다. 이제 분리를 일삼는 내면의 전쟁을 끝내야 합니다. 당신이 하는 호흡과 몸에서 느껴지는 감각 그리고 사랑으로 충만한 알아차림의 공간을 받아들이세요.

우리의 목표는 감정을 기피하고 거부하려는 성향과 맞서 싸우는 것이 아닙니다. 알아차림 안에는 그런 성향까지 모두 받아들일 공간이 있습니다. 그러니 기꺼이 반겨주세요. 깨어 있는 마음은 감정을 외면하고 싶어 하는 욕망도, 자신을 고립시키고 싶다는 충동도 수용합니다. 알아차림의 공간에서는 이 같은 본능도 자신을 보호하려는 지혜로 인정받습니다.

빗장을 풀고 어둠 속에 숨어 있는 감정을 꺼내면 거짓 자아의 이야기는 허물어집니다. 실재만 남은 자리에 의식의 빛을 밝게 비추고 무한한 평화를 경험하세요. 당신은 지금 여기에서 언제든 이 평화를 경험할 수 있습니다.

조이는 제 블로그에 이렇게 댓글을 달았습니다. "내가 형편없는 사람이라는 생각이 들게 하는 감정은 무조건 무시하거나 부정하고, 때로는 묻어버렸어요. 거의 평생을 이렇게 살았죠. 그런데 해소되지 않은 감정이 신체적 고통으로 나타나더군요. 저는 지난 상처를 치유하기로 결심했고, 마음속에 감정이 떠오르면 그것을 인정하기 시작했습니다. 또 자연스럽게 사라질 때까지 내 안에 공간을 마련해주었지요. 그러자 평온함이 가득한 에너지가 솟아나는 느낌이 들었습니다. 감정을 두려워하면 거기에 휘둘리게 되지만, 감정을 받아들이면 그와 함께 삶을 창조할 수 있다는 사실을 알게 되었어요. 마음을 활짝 열고 모든 감정을 수용하자 경이로움과 감사함에 휩싸였습니다."

당신이 감정을 거부하는 이유를 생각해보세요. 측은히 여기는 마음으로 이유를 하나하나 살펴보면서 떠오르는 감정을 그대로 둡니다. 어떤 감정이 느껴지든 거부하지 말고 기꺼이 받아들이세요. 이때 두려움이 생기는 것은 정상적인 반응입니다.

기분도 선택할 수 있을까

괴로움은 실재가 아니라 허상입니다. 나 자신과 타인, 그리고 세상을 부정확하고 비뚤어지게 바라보는 관점에서 만들어낸 경험에 불과하지요. 그러면 실재하는 것은 무엇일까요? 충만한 생명력으로 지금 여기에 온전히 존재할 때 거기에 실재하는 세계가 있습니다.

자기를 가두는 부정적인 자아에서 벗어나려면 이를 떠나보낼 준비가 되어야 합니다. 이 단계를 거치지 않고는 진실을 알아차릴 수 없습니다. '나'라고 부르는 분리된 자아가 그 힘을 잃고 사라질 때만 실재를 알아차릴 수 있기 때문입니다. 모든 것을 통제하는 '나'는 애초에 존재하지 않습니다. 그런 행위자는 없고 오직 의식만이 존재할 뿐이지요. 어떤 형태도 지니고 있지 않은 이 의식은 만물의 근원이며 생명의 에너지로 충만합니다.

우리는 얼마든지 부정적인 자아를 떠나보낼 수 있습니다. 경험을 다루는 법을 배운다면 스스로 만들어진 자아의 족쇄를 풀 힘이 있음을 알게 됩니다. 제가 제시한 대로 연습한다면 이해심과 사랑으로 자신의 경험을 수용하는 방법을 알게 됩니다.

자신을 무가치하게 여기는 자의식의 고통에서 빠져나오기를 바란다면, 그리고 괴로운 생각에 시달릴 대로 시달렸다면 이제는 다른 사람이나 세상을 탓하며 사는 일을 그만두고 싶을 것입니다. 괴로운 생각과 감정이 떠오르거든 자기 안에 실재하는 평온함을 발견할 기회라 여기고 즐겁게 맞이하십시오. 자신을 헐뜯는 생각이 습관처럼 떠올라 괴롭고 불행하다면 그런 생각에 관심을 주지 마세요. 감정이 광풍처럼 몰아치거나 불안감이 서서히 찾아들 때도 모두 있는 그대로 받아들이세요. 이 책에서 제시한 방법을 지속해서 적용하면서 지금 이 순간을 경험하십시오. 현재야말로 우리가 실재를 경험하는 유일한 순간입니다.

무기력한 기분이 들 때도 마찬가지입니다. 여기에서부터 모든 변화가 시작됩니다. 일정한 패턴으로 굳어진 생각과 감정은 그 속성상 수시로 떠오르기 마련입니다. 그것들이 다시 등장하는 일은 당신의 통제 밖이지요. 하지만 떠오른 감정에 어떻게 반응할지는 전적으로 당신의 선택에 달려 있습니다.

일정하게 정해진 패턴대로 반응하며 행복에서 더 멀어질 수도 있고, 경험에 주의를 돌리고 현재 자신이 느끼는 슬픔과 공포, 나아가 자신이 못났다고 여기는 자아 정체성을 기꺼이 대면할 수도 있습니다. 당신은 어느 쪽을 선택하겠습니까?

제 블로그에 있는 스티브의 댓글에는 괴로운 생각과 감정으로부터 벗어나고 싶어 하는 그의 열의가 잘 나타나 있습니다. 그는 가까운 사람과의 관계에서 여러 해 동안 고통을 겪고 있다고 고백한 뒤, 이렇게 말했습니다. "그 사람에게 화가 나거나 실망할 때마다 가능한 한 제 감정과 생각, 몸의 감각을 의식하려고 노력합니다. 부정적인 생각이 떠오를 땐 이를 직시하되, 감정에 몰입하지는 않습니다. 감정에 끌려다니면 더욱 고통스러울 뿐이라는 사실을 충분히 경험했으니까요. 저는 늘 선택합니다. '괴로운 마음으로 살고 싶은가, 아니면 평온한 마음을 원하는가?'라고 말이죠. 저는 생각을 떠나보내고 감각에 집중하면서 평화를 얻는 쪽을 선택합니다."

스티브가 마음 처방전을 어떻게 실천하고 있는지 살펴볼까요? 그는 마음이 상할 때마다 주의를 돌려 자신의 경험에 집중합니다. 그리고 그 경험을 알아차림으로써 생각에서 빠져나와 몸의 감각을 받아들입니다. 그 선택으로 평화를 만납니다.

자신의 경험에 어떻게 반응할지 선택하는 일은 진짜 '나 자신'이 누구인지 알 때까지 차근차근 밟아야 하는 디딤돌입니다. 이 진실을 깨달을 때 궁극의 자유를 얻습니다. 다음 장에서 자세히 다루겠지만, 자신의 본질을 이해하고 나면 전체와 나를 분리하는 인식은 모두 사라집니다. 나를 구별하는 개별 자아가 없으면 괴로운 생각들은 근거 없는 소리가 되고, 이롭지 않은 감정 역시 상륙할 근거지를 잃게 됩니다. 자신의 본질을 알면 나는 이미 온전하다는 사실을 깨닫고 자신의 참모습을 깊이 알아가게 됩니다.

7장

삶의 영적인 측면을 들여다본다

페기와 저는 모임에서 만나 오래전부터 알고 지낸 사이입니다. 그녀는 언제나 밝고 상냥했지요. 그런데 어느 날 단둘이 대화를 나누다가 페기가 자기 자신에 대해 확신이 없는 사람이라는 사실을 알게 되었습니다. 이후에도 저는 그녀와 이야기를 이어나갈 때마다 그녀 내면에 깔린 불안을 감지했습니다. 제가 보기에는 위태로운 수준이었습니다.

그런데 최근에 만난 페기는 눈에 띄게 달라져 있었습니다. 전과는 달리 무척 차분하고 느긋해 보였지요. 성급하게 말을 이어가지 않았고 상대의 말을 경청할 줄도 알았습니다. 저는 그녀에게 중대한 변화가 일어났음을 알 수 있었습니다. 제가 이를 언급하자 그녀는 자신의 진짜 모습을 찾았다고 말했습니다. 그 이상 자세히 말하고 싶지 않은 눈치여서 더는 묻지 않았지만, 충분히 짐작할 수 있었습니다. 그녀를 괴롭혔던 개별 자아의 정체성이 없어지면서 장황한 말로 채워야 했던 불안감도 함께 사라졌다는 사실을요. 그녀가 찾은 평온함은 누구라도 느낄 수 있을 만큼 생생했습니다.

조건화된 사고와 감정의 족쇄에서 벗어날 때 진짜 자신의 모습을 만나게 됩니다. 그러고 나면 과거의 기억, 판단, 욕구와 필요, 기대와 예측이 만들어낸 정체성은 더는 삶의 중심이 되지 못합니다. 이런 생각과 감정이 떠올라도 휘둘리지 않게 되지요. 자유롭게 주의를 옮길 수 있게 되면 자신의 본질, 즉 순수하고 무한한 의식으로서 만물에 생기를 불어넣는 생명 에너지를 자각합니다. 미처 깨닫지 못했을지라도 우리는 이를 어느 정도 느끼고 있습니다. 참된 자아는 매 순간에 존재하는 생명의 바탕이기 때문입니다.

심리학에서 의식을 탐사하는 일은 개인의 자아를 바로잡는 것을 넘어 삶의 영적인 측면을 깊이 들여다보는 과정을 뜻합니다. 제가 아는 한 인간의 고통을 해결하는 유일한 열쇠는 이 방법을 통해 진짜 자신이 누구인지를 아는 것뿐입니다.

자신의 본질이 의식 자체라는 사실을 발견하기까지 평생이 걸리는 경우도 많습니다. 그럴 때는 이 책에 적힌 방법을 꾸준히 연습한다면 크게 도움이 됩니다. 하지만 글로만 이해하는 것으로는 부족합니다. 틈날 때마다 삶의 속도를 늦추고 눈을 감은 뒤 생각과 감정에서 주의를 돌려 현재를 온전히 느껴보세요. 모든 생각을 내려놓고 긴장을 풀 때 당신의 본질인 생명 에너지를 만날 수 있습니다.

생각은 우리를 단단히 붙들고 있습니다. 따라서 먼저 자신이 생각에 속박당한 상태임을 알아차려야 합니다. 이 속박에서 벗어나고 싶다는 열망이 클수록 꾸준히 훈련할 힘이 생깁니다. 이 책을 통해 개별 자아로서 가지는 정체성이 거짓임을 알게 된 당신은 반드시 결실을 보리라고 생각합니다.

내담자 멜라니는 상담 초기인 약 18개월 동안 줄곧 불안정한 모습을 보였습니다. 그래도 포기하지 않고 꾸준히 마음 처방전을 실천했지요. 자신의 행복에 도움이 되지 않는 사람들과의 만남을 줄여나갔고, 업무에 너무 많은 시간을 빼앗기지 않도록 했습니다. 그 시간에 사랑과 자비심이 넘치는 자신의 참자아를 알아가는 데 더 많은 노력을 쏟았고, 일상에서도 참자아가 빛을 드러내도록 마음을 열었습니다. 그렇게 멜라니는 자신을 최우선으로 하는 삶을 살며 평화를 되찾게 되었지요.

참자아를 찾는다는 것은 변화나 변신을 의미하지 않습니다. 지금과 다른 사람이 되라는 뜻이 아닙니다. 만물의 근원인 생명의 에너지를 알아차리기만 하면 되는 것입니다. 그리고 이 생명력의 근원은 바로 당신 자신입니다.

어쩌면 아직 스스로 행복을 누릴 자격이 없고 불행한 운명을 타고 났다고 생각할지도 모릅니다. 하지만 자신이 만물의 근원임을 자각하게 되면 '나'라는 존재가 온전함을 깨닫습니다. 당신은 전체에서 분리된 존재가 아니며, 뭔가 부족하거나 필요하지도 않습니다. 당신을 구성하는 모든 세포가 현존하는 무한한 의식 자체임을 알게 되면 기쁨과 행복을 갉아먹는 생각에서 벗어날 수 있습니다.

이는 '나'라는 개별 자아가 뭔지를 알아차리는 일이 아닙니다. '나'라는 자의식을 만들어내는 마음 구조가 무너지거나 사라지는, 즉 개별 자아로서 꾸는 미몽에서 깨어나는 것을 뜻하죠. 자신이 진짜 누구인지 알고 나면, 그동안 깨닫지 못했을 뿐 참자아는 예전부터 항상 알아차림의 상태에 있다는 사실을 깨닫게 됩니다. 자신이 보잘것없고 부족하다고 믿는 자아로 세상을 살아가는 동안에도 이 고요한 본질은 늘 존재했지요. 이 순수한 본질은 인생에서 발생하는 사건들에 영향을 받지 않습니다. 이 본질에 대해 알고 나면 삶에서 일어나는 사건들이 당신을 규정하지 못한다는 사실을 깨닫게 됩니다.

나의 본질과 실재는 무엇일까

모든 소리의 근원에는 고요가 있습니다. 하지만 많은 사람이 이를 알아차리는 데 어려움을 겪습니다. 자신과 전체를 분별하는 감각을 만들어내는 마음 구조가 익숙하고, 또 견고하게 자리 잡고 있기 때문입니다.

한없이 무한한 평화와 행복이 곧 당신의 본질이라는 사실을 언어만으로 제대로 묘사하기는 불가능합니다. 직접 경험해야만 알 수 있는 사실을 언어로 나타내는 데에는 한계가 있지요. 예를 들어 사과를 한 번도 먹어본 적이 없는 당신에게 친구가 사과가 무슨 맛인지 설명하는 상황을 그려볼까요? 친구는 사과가 아삭아삭하고, 즙이 풍성하고, 달콤하다고 설명하겠지만 당신은 사과를 한 입 베어 물기 전까지 그 맛을 결코 알지 못할 것입니다. 맛을 상상하거나 아는 척할 수는 있지만 사과의 맛을 진짜로 이해하려면 직접 맛보는 수밖에 없습니다.

이처럼 고요 역시 직접 경험해봐야 알 수 있습니다. 하지만 걱정하지 마세요. 제가 묘사하려는 것은 사과 같은 객체가 아니라 이보다 훨씬 더 당신 가까이에 있는 것이니까요. 이 본질은 일체의 정체성이 형성되기 이전부터 존재했습니다. 그동안 간과했기 때문에 미처 경험하지 못했을 뿐입니다.

가령 사과를 먹어본 지 너무 오래되어 그 맛을 까맣게 잊어버렸다고 칩시다. 당신은 여전히 친구가 사과의 맛을 설명해줘도 이해하지 못합니다. 하지만 사과를 한 입 베어 먹는다면 잊었던 기억이 다시 떠오를 것입니다. 아마 "아, 맞다! 이 맛이었어"라고 탄성을 지르겠지요. 자신의 본질을 직접 경험하는 것은 이와 같습니다. 이 본질을 자각하게 되면 무엇이 진실이었는지 기억날 것입니다.

이처럼 이 책에 적힌 방법 자체는 별로 중요하지 않습니다. 그보다는 직접 경험하는 것이 중요합니다. 머리로 개념을 이해하려 하지 말고, 그저 긴장을 풀고 고요한 본질을 맞이하세요.

이어지는 글에서는 지금 이 순간에 머물며 무한한 의식을 경험하는 방법을 살펴보겠습니다. 이를 매 순간 반복하길 바랍니다. 만일 어떤 연습이 어렵게 느껴지면 건너뛰어도 좋습니다. 중요한 것은 이 과정을 즐기는 것입니다.

무엇이 실재인가

모든 것은 나타났다가 사라집니다. 생각은 끊임없이 변하고 기분 또한 이랬다저랬다 변덕을 부립니다. 우리가 처한 환경도 마찬가지죠. 생각, 감정, 환경은 물론 다른 사람과 맺은 관계조차도 지금 이 순간에는 실재하는 것처럼 보이지만 어느 순간 쉽게 변해버립니다. 영원하지 않은 대상에 나를 의지할 수는 없습니다. 언제든 변할 수 있는 것에 행복을 맡긴다면 그 미래는 확신할 수 없습니다. 이처럼 당신이 아는 세상이 언제든 변하는 것들로만 채워져 있다면 어느 순간에 무엇이 사라질지 알 수 없어 불안할 것입니다.

그렇다면 영원한 것은 애초부터 없는 걸까요? 열심히 애를 써도 운이 좋아야 어쩌다 행복을 얻는 삶에 만족하고 살아야 할까요?

만물의 근원인 의식은 어떤 일이 있어도 변하지 않습니다. 알아차림이라는 의식의 실재성은 누구도 부정할 수 없습니다. 생명 자체로서 항상 존재하며 형태도 내용도 없습니다. 세상의 사물이나 대상과 달리 전적으로 신뢰할 수 있지요.

떠오르는 생각에 얽매인 주의를 돌리면, 왔다가 사라져버릴 생각에 시달리지 않고 마음의 평화를 누리게 됩니다. 당신은 광대하게 열린 하늘입니다. 수많은 구름이 떠다녀도 하늘은 언제나 하늘인 것처럼 당신의 본질은 늘 평화롭습니다.

마음 처방전은 자신이 못나고 무능한 존재라고 믿는 자아 정체성을 무너뜨리는 방법입니다. 이 처방전대로 꾸준히 연습하다 보면 이런 생각과 감정이 허상임을 알 수 있습니다. 무엇이 허상이고 무엇이 실재인지 알았다면 이제 참모습, 즉 경계가 없고 한없이 평화로운 당신의 본질을 발견할 차례입니다.

익숙한 사고패턴이 일어나 당신의 주의를 사로잡으려 할 때 이를 알아차렸다면 마음껏 기뻐하세요. 이런 생각이 자신의 본질이 아님을 알고 있다면 생각이 일어나도 동요하지 않게 됩니다.

내담자 루스 이야기를 해보겠습니다. 그녀의 마음속에는 오랫동안 자신을 가혹하게 비난하는 자아가 살았습니다. 루스는 저와 상담하면서 이 자아의 목소리를 알아차렸고, 더는 휘둘리지 않도록 꾸준히 노력했습니다. 그러던 어느 날 이 내면의 목소리에 귀 기울일 필요가 없음을 깨닫게 되었고, 더는 이 자아에게 휘둘리지 않게 되었습니다.

당신도 루스와 똑같은 경험을 할 수 있습니다. 이번에는 마음 처방전을 다음과 같이 응용해보세요.

- 내면의 경험에 주의를 돌린다.
- 내가 경험하는 것이 무엇인지를 알아차린다.

- 생각의 본질을 이해하고, 생각이 하는 말에 관심을 주지 않는다.
- 신체 감각이 떠오르면 따뜻하게 맞이한다.

이들 처방전을 실천하면 자신을 모자라고 부족한 존재로 여기는 분리된 자아의 영향력이 약해집니다. 또한 조건화된 사고라는 틀에서 벗어나 자신의 참모습을 깨닫게 됩니다.

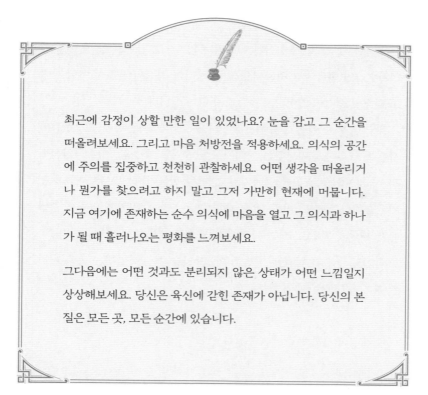

최근에 감정이 상할 만한 일이 있었나요? 눈을 감고 그 순간을 떠올려보세요. 그리고 마음 처방전을 적용하세요. 의식의 공간에 주의를 집중하고 천천히 관찰하세요. 어떤 생각을 떠올리거나 뭔가를 찾으려고 하지 말고 그저 가만히 현재에 머뭅니다. 지금 여기에 존재하는 순수 의식에 마음을 열고 그 의식과 하나가 될 때 흘러나오는 평화를 느껴보세요.

그다음에는 어떤 것과도 분리되지 않은 상태가 어떤 느낌일지 상상해보세요. 당신은 육신에 갇힌 존재가 아닙니다. 당신의 본질은 모든 곳, 모든 순간에 있습니다.

행위에서 존재로

분리된 자아를 진짜로 믿고 살아가는 이들은 언제나 변화를 꿈꿉니다. 모자라는 게 있으면 채워야 하고, 망가진 게 있으면 고쳐야 한다고 생각하죠. 또 편안해지기 위해서는 감정과 타인을 통제하고 환경을 바꾸어야 한다고 믿습니다. 존재에서 답을 찾지 않고 행위에서 답을 찾는 것이지요.

이처럼 분리된 자아는 부족한 것을 채우고 고치려 합니다. 이런 활동은 우리를 본질에서 떼어놓는 데 기여할 뿐입니다. 이 자아는 우리자신의 경험을 들여다보기보다 바깥에 시선을 돌리도록 합니다. 생각에 골몰하도록 부추기고 욕망을 채워줄 물질을 찾아 세상을 헤매도록 밀어냅니다. 이 모든 행위를 하는 동안 당신의 몸과 마음이 얼마나 압박을 받을지 짐작해보세요.

당신의 참모습은 그 자체로 이미 완전하고 충만하기 때문에 일부러 어떤 노력을 기울이지 않아도 괜찮습니다. '존재'는 노력으로 획득하는 대상이 아닙니다. 다시 말해 당신의 정체성을 탐구하고 연구한다고 해서 자신이 누구인지 깨닫게 되는 게 아닙니다. '나'라고 불리는 거짓 자아상이 허물어져야만 자신이 의식 자체로 실재한다는 사실을 깨닫게 됩니다. 이때 당신은 '나'라는 개별 자아가 만들어낸 경계를 넘게 됩니다. 분리된 자아는 자꾸 행위에 의존하지만 의식은 그저 가만히 존재합니다.

이 진실이 담고 있는 의미가 무엇인지 잠시 생각해볼까요? 분리된 자아에 갇힌 이들은 익숙하고 자신 있는 분야를 벗어나면 성공하지 못하리라 생각합니다. 창의적인 발상이 자기 안에서 싹을 틔우기도 전에 짓밟곤 하지요. 하지만 의식으로 존재하고 있음을 깨닫는다면 상황이 달라집니다. 넘치는 잠재력과 열린 마음으로 모든 것을 받아들이게 되지요. 모든 것을 반기고 사랑하고 감사하면서 현재에 존재하게 됩니다.

살아가면서 겪는 모든 문제는 분리된 자아라는 관념이 사라지고 존재 자체를 경험할 때 저절로 풀립니다. 분리된 자아가 없어지면 자신을 이러저러하다고 규정하던 생각들도 사라집니다. 다른 사람의 말에 상처받거나 어떤 일에 지나치게 감정적으로 대응하거나 자신을 무가치하거나 부족하다고 여길 자아도 없습니다. 즉 뭔가를 바꾸거나 개선할 필요가 없습니다. 아무 애를 쓰지 않아도 모든 문제에서 자유로울 수 있습니다.

이 순간에 존재하는 당신의 본질은 잠잠하고 고요하고 무한합니다. 한편 행위는 여전히 일어납니다. 당신은 어떤 행위를 할지 선택할 수 있고, 육신을 통해 그 행위를 실행에 옮길 수 있지요. 우리는 아이를 키우고, 이를 닦고, 출근하고, 공원에서 산책합니다. 또 고층 건물을 짓고, 대양을 건넙니다. 만물의 본질 안에는 어떠한 형태도 존재하지 않지만, 우리는 이 세상에서 헤아릴 수 없이 다양한 행동을 하며 살아갑니다.

분리된 자아가 하는 행위는 두려움과 부족함을 느끼는 데서 발생합니다. 이런 행동은 단순히 인생의 즐거움을 누리기 위해서 하는 게 아니라, 욕구를 채우거나 상황을 개선하는 등 특정한 목표를 염두에 두고 있습니다. 이는 주로 자존심을 지키거나 다른 사람들에게 인정받으려는 의도에서 출발합니다.

하지만 의식에서 시작되는 행위는 자발적으로 일어납니다. 특정한 목표를 이루기 위한 것이 아니라 기쁨, 연민, 지혜, 아름다움을 감사하는 마음 등 자연스러운 감정에서 비롯된 행동입니다.

당신은 두려움에서 헤어나지 못하고 결핍에 지배당하고 있나요, 아니면 열린 마음으로 자유롭게 지내고 있나요? 사람들과 가까이 지내면서도 그들에게 평가받는 것이 두려워 혹은 무시당할까 봐 자신의 감정을 억누르고 있지는 않나요? 우리 마음속에는 이처럼 자신과 타인을 분리하는 데에서 비롯된 수많은 생각이 끊임없이 일어납니다.

열린 마음과 호기심, 감사하는 마음으로 그리고 아무것도 결핍되지 않은 상태에서 사람들과 대화하는 모습을 상상해보세요. 당신은 남들에게 잘 보이려 하지 않고 그저 자연스럽게 반응할 것입니다. 경계심을 품고 지나치게 방어하지도 않겠지요.

우선 생각이 일어나면 머리에 불이 붙은 것처럼 열심히 정진하세요. 이 과정이 너무 힘들게 느껴지면 만족하며 쉬어가는 상태에 머물거나 그 중간 단계를 연습해도 좋습니다. 당신이 어떤 단계에 있든, 당신의 참모습은 변함없이 완벽한 존재입니다.

최근 화가 났던 순간을 떠올려보세요. 그리고 그 상황에서 두려움 혹은 결핍감을 느꼈는지 생각해보세요. 혹시 그 상황을 통제하고 고치고 싶어 하지는 않았나요?

이번에는 당신이 온전하고 아무것도 필요치 않은 순수한 존재라고 상상해보세요. 당신의 마음은 완전히 열려 있고, 두려움도 부족함도 느끼지 않습니다. 당장 해결해야만 하는 시급한 사안도 없습니다. 그런 상태에서 다음과 같이 질문하고 깊이 성찰해보세요.

☐ 지금은 문제 상황이 어떻게 보이는가?

☐ 몸과 마음이 어떻게 반응하고 있는가?

☐ 문제 상황에 연루된 사람들을 떠올리면 무엇이 느껴지는가?

☐ 조건화된 사고에서 벗어나 충만한 사랑을 느끼는 당신은 이제 어떤 상태인가? 사람들에게 어떤 말을 하고 싶은가?

시간을 넘어서

괴로움은 언제나 과거 또는 미래에 대한 생각과 관련이 있습니다. 하지만 고통을 겪는 순간은 현재입니다. 가만히 생각해보면 과거나 미래라는 시간은 애초에 존재하지 않습니다. 지난 일을 떠올리며 그때 하지 못한 일을 곰곰이 되새기지만, 그 생각을 하는 순간은 과거가 아닌 현재입니다. 미래를 걱정할 때도 마찬가지입니다. 이처럼 현재는 시간의 한 조각만을 뜻하지 않습니다. '지금'은 시간이나 공간에 담을 수 없는 무한하고 거대한 존재입니다.

그런데 시간을 초월해 존재하는 것이 있습니다. 바로 분리된 정체성에서 벗어나 생명과 하나가 된 당신입니다. 과거나 미래가 아닌 현재 이 순간에 몰입하면 언제나 평화로울 수 있습니다. 여기에는 괴로움에 사로잡힐 '개인'이 존재하지 않으니까요.

잘 이해가 가지 않는 분들을 위해 좀 더 구체적으로 설명해보겠습니다. 우리는 다른 사람들과 관계를 맺습니다. 일상을 유지하기 위한 소통을 하고, 생명의 탄생을 기뻐하고 사랑하는 이의 죽음을 슬퍼하지요. 사람은 누구나 변화하고 성장합니다. 우리를 둘러싼 환경도 끊임없이 바뀌지요. 이렇게 보면 과거와 미래라는 시간은 실재하는 것처럼 보입니다.

이 역설을 어떻게 이해해야 할까요? 시간 속에 존재하는 대상은 분명 실재인 것처럼 보이지만, 사실 실재는 그 본질상 시간도 형체도 없습니다. 눈에 보이는 모든 형상은 생명력이 일시적으로 드러내는 자기표현일 뿐입니다. 누구나 눈앞에 펼쳐진 형상을 보고 그것은 실재하는 거라고 생각합니다. 하지만 그 순간을 깊이 들여다보면 비로소 진정으로 실재하는 것이 보입니다. 우리가 형상을 인지한다는 점에서는 실체를 가지지만 본래는 순수 의식 자체인 것이지요.

우리 눈에 보이고 손으로 만져지는 대상의 본질을 깨치고 나면, 인생에 대한 시각이 완전히 바뀝니다. 세상 만물을 감상하고 즐기되 더는 그것들에 연연하지 않게 되지요. 감정을 생생하게 느끼지만 거기에 사로잡히지는 않습니다. 또 어떤 상대든 한없는 자비심으로 대하게 됩니다.

이 진리를 따른다면 존재하지도 않는 과거나 미래에 대한 생각에 끌려다니지 않고 오직 이 순간의 삶에 충실할 수 있습니다. 자신을 부족한 존재로 여기고 전체와 나를 분리해서 보려는 관점이 약해지면, 우리는 고통에서 벗어날 수 있습니다.

잠시 밖으로 나가보세요. 의자에 앉아 자연에 있는 대상을 하나 선택하고 그것에 대해 깊이 성찰해보세요.

☐ 지금 이 순간에는 과거도 미래도 없음을 자각합니다.
☐ 눈에 보이는 대상은 생명력이 일시적으로 드러내는 자기표현임을 되새깁니다.
☐ 대상을 깊이 들여다보면서 그 안에서 빛나는 순수 의식을 통찰합니다.
☐ 경계를 나눌 수 없는 본질의 특성을 자각합니다.

그다음에는 대상을 보는 시선이 어떻게 달라졌는지 기록해보세요.

만물은 하나다

현재 죄책감이나 수치심으로 얼굴을 들 수 없거나, 질투심에 이성을 잃어버린 상황인가요? 아니면 삶의 의욕을 잃어버렸나요? 이런 상황일수록 자기 자신에 대해 깊이 성찰해야 합니다.

우리의 본질은 누군가를 판단하지도 맞서 싸우지도 거부하지도 않습니다. 왜 그럴까요? 모든 형상은 본래 하나의 근원에서 생겨나기 때문입니다. 이를 깨달은 순간 당신은 모든 만물과 하나임을 알게 됩니다.

바다가 특정한 모양의 파도를 거부하거나 다른 모양으로 바뀌기를 바란다는 걸 상상할 수 있나요? 바다는 거대한 하나의 세계로, 자기 안에서 생겨났다가 사라지는 온갖 형상의 파도와 갈등 없이 어울리며 흘러갑니다. 이처럼 자연에는 어떤 실수도 없습니다. 씨앗은 떨어진 자리에서 뿌리를 내리고 자라납니다. 바람이 불면 가지가 흔들립니다. 봄이 오면 꽃이 핍니다. 자연에는 갈등도 저항도 없습니다. 모든 것을 수용하는 상태에 이르면 우리 역시 자연처럼 평화롭게 살 수 있습니다.

하지만 여기에 인위적인 마음을 덧붙이면 흐름이 막히기 시작합니다. 자신과 세상에 관해 스스로 만든 감정, 가치관에 기준을 두고 살아가면 자연과 분리되고 결국 고통을 받게 되지요. 만물의 근원에 있는 알아차림에 머무세요. 그러면 어떤 것에도 막힘 없이 자신을 드러내는 생명과 하나가 됩니다.

하루를 마무리하고 잠들기 전에 오늘 한 일을 되짚어보세요. 아침에 잠자리에서 일어나 샤워하고, 옷을 갈아입고, 아침을 먹고, 출근하고…. 곰곰이 생각해보면 당신이 의식하지 않아도 얼마나 많은 일이 일어나는지 확인할 수 있습니다. 우리 마음이 다른 생각으로 분주할 때도 이런 행동들은 무의식중에 일어나곤 하지요. 개별 자아가 의식적으로 개입하지 않아도 자발적으로 꽃피우는 생명의 흐름이 있다는 사실을 알아차려 보세요.

잘 이해되지 않는다면 밖으로 나가서 나무 한 그루를 관찰합니다. 그 나무는 억지로 애쓰지 않아도 씨앗이 싹을 틔우고, 잎들이 자라 나무가 되었을 것입니다. 이처럼 생명은 조금의 꾸밈도 없이 자연스럽게 자신의 일을 합니다. 이제 '어떻게 하면 자발적으로 피어나는 생명의 에너지를 방해하지 않고 있는 그대로 존재할 수 있는가?'라는 질문에 답해보세요.

비어 있음과 충만함

세상은 온갖 형상으로 가득하지만 알아차림 자체에는 형상이 없습니다. 거기에는 어떤 대상도 존재하지 않습니다. 생각이나 감정도 없습니다. 혼란이나 불안, 판단이나 예측, 시간과 공간 심지어 호흡의 감각조차 없습니다. 아무 형상도 비치지 않는 거울처럼 존재함 자체는 시간을 초월하는 투명하게 열린 공간입니다. 비어 있음, 즉 공의 상태가 당신의 본질입니다.

본질을 알아차리지 못하면 머릿속에는 자신을 부적격하게 인식하는 협소한 자아가 만들어내는 생각으로 가득 차게 됩니다. 그리고 이런 생각들은 과거와 미래로 당신의 주의를 계속 끌어당깁니다. 현재에 머물지 못하는 사람은 마치 하나의 연극에서 한 가지 역할만 평생 연기하는 사람과 마찬가지입니다. 깨어 있지 않은 마음에는 생생한 활력도 새로운 가능성도 없습니다.

협소한 자아가 만드는 생각에서 벗어나 알아차림에 머물 때 고통을 주는 대상이 사라지고 감사하는 마음과 열정으로 가득하게 됩니다. 또 이 안에 머물면 자신이 못났다는 생각은 우스갯소리로 들립니다. 만물이 곧 당신이라는 사실을 알고 나면 당신의 마음은 기쁨과 환희로 벅차오를 것입니다.

세상의 사물은 이제 어떤 것이든 당신을 괴롭게 하지 못합니다. 어떤 형상이든 그것은 허구임을 깨달았기 때문입니다. 당신도 이 본질을 경험할 수 있는지 한번 알아볼까요?

다음 질문들에 대한 생각을 글로 적어보세요.

☐ 나는 어떤 것에 집착하는가?

☐ 나의 자아를 구성하는 요소 중에 특히 외면하기 힘든 부분은 무엇
인가?

☐ 이런 집착을 놓아버리고 비어 있음으로 존재한다는 것은 어떤 느
낌일까?

모든 집착을 없애면 남는 것은 무엇일까요? 현재에 집중하면서
내면의 생명 에너지를 느껴보세요.

본질은 무한하다

내담자 내털리는 종교 활동을 매우 열심히 하는 사람이었습니다. 그녀는 매주 예배에 참석했고 여러 모임을 이끌었습니다. 행복해지기를 바라는 만큼 교회에서 배운 대로 살려고 최선을 다했지요. 하지만 그녀는 행복하지 못했습니다. 데이트할 때면 늘 상대방의 결점을 지나치게 트집 잡기 바빴고 쉽게 화를 냈습니다. 그 때문에 누구와도 관계를 오래 유지하지 못했지요. 내털리는 그런 자신이 부끄러웠지만 제어할 수가 없었습니다. 그러고는 '나 같은 사람은 하나님의 사랑을 받을 자격이 없는 사람'이라며 자책하곤 했지요.

자신의 본질이 무한한 존재임을 깨닫는 일은 손에 닿기 힘든 이상이 아닙니다. 영적인 사람이 되거나 종교적 교리를 따르며 사는 일도, 삶에 대한 새 지평을 여는 일도 아닙니다. 자신의 본질에 깨어 있는 삶이란 지금 이 순간 당신 안에 있는 생명을 자각하고 거기에 따라 사는 것입니다.

당신 앞에 드리운 장막을 모두 걷어내고 만물을 있는 그대로 보세요. 모든 것에 의문을 제기하고, 진실에 따라 사는 삶이 어떤 것인지 기꺼이 탐구하세요. 그 과정에서 어떤 모습이 드러나더라도 개의치 않고 모두 받아들이세요. 이것이 바로 내털리, 그리고 당신이 찾아내야 할 진실입니다.

사람은 누구나 감정적으로 되어 격분하기도 하고 혼란에 빠지기도 합니다. 때로는 진짜 자신이 누구인지 망각하기도 하지요. 그러나 이

가운데 어떤 것도 당신이 본질 자체라는 진리를 흔들 수 없습니다.

알아차림이라는 무한한 공간 속에서 모든 것을 반갑게 맞이할 때 삶이 풍성해집니다. 이때 당신은 열정적으로 살아갈 수 있습니다. 이 안에서 어떤 경험도 기피하지 말고 경험해보십시오. 각각의 대상을 깊이 탐구하면서 이 순간의 엄연한 진실을 알아가세요.

지금부터 현상과 실재를 분리하지 않고 만물과 하나 되는 삶이 무엇인지 자세히 다루고자 합니다. 당신이 매 순간 이 진리를 자각할 때 생명과 온전히 조화를 이루며 살아갈 수 있습니다.

마음의 먹구름을 걷어내는 방법

마음 처방전을 응용하는 방법을 구체적으로 살펴보겠습니다. 자기 자신과 타인에 관해 당신이 품고 있는 신념이 어떤 식으로 당신을 행복에서 멀어지게 하는지 한번 떠올려보세요. 일이 뜻대로 안 풀리면 자신을 몰아세우지는 않나요? 다른 사람에게 친절한 대우를 받지 못하면 패배감에 빠지고 자신이 가치가 없는 사람이라고 느끼나요? 어쩌면 자기 자신을 향해 비난의 말을 연신 쏟아낼지도 모릅니다.

마음이 어떤 이야기를 속삭이든 간에 '나'라고 불리는 개별 자아가 당신을 장악하려 하면 언제라도 마음 처방전을 적용해 주의를 옮기기 바랍니다.

과거에 하던 대로 자기 생각을 사실로 받아들이면 조건화된 반응에서 영원히 벗어나지 못하게 됩니다. 자기 자신과 타인, 그리고 자신이 처한 상황에 관해 부정적인 이야기를 만들어내고 거기에 몰두하면 결국 괴로움에 사로잡히게 됩니다.

자신을 제한하는 협소한 생각에 빠져 있음을 알아차리거든 곧바로 하던 일을 멈추고 심호흡을 하십시오. 이 단순한 행위만으로도 혁명적인 변화가 일어납니다. 그 즉시 신경체계가 이완되기 때문입니다. 그 상태에서 다음 과정을 반복하세요.

- 열린 마음으로 현재에 집중한다.
- 자신을 괴롭히는 생각과 감정을 관찰하되, 관심을 주거나 믿지 않는다.
- 이 순간 느껴지는 신체 감각을 반갑게 맞이한다.
- 생각 너머에 존재하는 광활한 의식 공간을 발견하고 온전히 받아들이며 완전한 평화를 누린다.

저는 지금까지 수만 번도 넘게 이 처방전대로 마음을 훈련하고 있습니다. 그리고 그때마다 기쁨이 넘칩니다. 그렇게 한 번 시도한 이후에 "나는 이미 그 생각을 떠나보냈어. 하지만 언제나 제자리야"라든가 "지금쯤이면 그런 감정은 사라졌어야만 해"라고 실망하는 이들이 많습니다. 저는 한 번도 이런 생각을 해본 적이 없습니다. 현재의 경험을 판단하거나 평가하지 않지요. 과거의 경험과도 비교하지 않습니다. '조건화된 생각이 다시 일어나는 것을 보니 내가 또 잘못을 저질렀구나' 하며 자신을 비하하지도 않습니다.

이 순간 누릴 수 있는 자유에 몸을 맡긴 채, 어떤 것을 경험하든 흔들리지 않고 받아들이는 것이 중요합니다. 마음에 먹구름이 일어날 때마다 치료 원칙과 마음 처방전을 적용하세요. 진리를 갈구하는 마음으로 쉼 없이 정진하십시오. 이 훈련을 통해 얻을 수 있는 것은 다음과 같습니다.

평화

알아차림에 머물 때 지속적인 평화를 얻게 됩니다. 그러나 당신이 내면에서 다툼을 벌이면 이 평화는 모습을 드러내지 않습니다. 내면에서 무슨 일이 벌어지거나 괴로운 감정이 일어날 때, 그것을 외면하거나 바꾸려 하고 없어지기를 바라는 것은 현재 경험에 저항하는 일입니다. 생각에 대한 집착이 떨어져 나가면 저절로 모든 경험을 있는 그대로 포용하는 마음이 생기고, 내면 깊은 곳에 형언할 수 없는 평화가 찾아옵니다.

행복

우리는 다들 행복해지기를 간절히 원합니다. 하지만 행복은 미래의 특정 시점에 얻게 되는 것이 아닙니다. '나'라는 개별 자아가 무엇인지 정체를 파악했다면 행복이 바로 현재에 있음을 알게 됩니다. 이는 영원한 행복입니다. 특정한 대상이나 상황에서 나오는 행복이 아니라 우리의 참자아가 지닌, 이유가 없는 행복이기 때문입니다.

경이감

뭔가를 얻으려 계획하거나 집착하는 데 마음을 쓰지 않을 때 우리는 경이감을 느낄 수 있습니다. 모든 것이 마치 처음 경험하듯 새롭게 느껴지기 때문이지요. 시간을 초월하는 알아차림의 관점에서 보면 매 순간이 첫 경험입니다. 알아차림에 머물면 현재 펼쳐지는 아름다움에 할 말을 잃을 정도로 경이감을 느끼고 모든 생명이 기적임을 깨닫게 됩니다.

지혜

생명의 본질을 되찾으면 배우고 학습한 것보다 훨씬 위대한 지혜를 얻을 수 있습니다. 자연을 예로 들어보겠습니다. 새는 어떻게 자신의 먹이를 찾기에 딱 알맞은 모양으로 부리를 발전시켰을까요? 베토벤은 청각을 잃었음에도 어떻게 그토록 아름다운 심포니를 작곡할 수 있었을까요?

이 지혜는 일상에서도 발견할 수 있습니다. 사물의 원리를 배워나가는 어린아이들을 지켜볼 때, 첨단기기를 손에 쥐고 작동 방법을 익힐 때, 여러 가지 재료를 섞어 맛있는 요리를 만들 때, 심지어 얼굴을

씻어야 한다는 간단한 사실을 깨달을 때에도 생명의 지혜를 느낄 수 있습니다. 이 세계는 만물을 지탱하는 생명력이 창의적으로 발현되어 나타난 결과물이기 때문입니다.

자연의 지혜는 인간의 정신보다 훨씬 더 신뢰할 만합니다. 자기 생각에 의존하는 습관을 버리면 섣불리 판단하거나 예측하지 않고 지혜의 소리를 경청하게 됩니다. 어떤 결정을 내려야 하는지 당신이 알아낼 필요가 없습니다. 무슨 말을 할지 혹은 무슨 행동을 해야 할지도 고민할 필요가 없지요. 당신이 귀를 기울이기만 하면 생명의 근원에 있는 지혜의 목소리를 들을 수 있습니다. 당신이 어떻게 행동해야 하는지, 어디로 가야 하는지 그냥 알 수 있습니다.

감사하는 마음

수많은 자기계발서는 감사하는 마음을 가져야 한다고 말합니다. 하지만 감사란 우리가 마땅히 실천해야 하는 덕목이나 의식이 아닙니다. 어떤 것도 나로부터 분리되어 있지 않다는 앎에서 일어나는 마음일 뿐이지요. 이 앎에 이르면 자연스럽게 감사하며 살게 됩니다.

모든 것이 하나라는 깨달음을 얻으면 우주 만물을 아끼고 사랑하게 됩니다. 나 자신이 만물과 하나로 연결되어 상호 의존하는 관계라는 사실을 알아차리게 되기 때문입니다.

열정

과거를 후회하거나 미래를 걱정하는 습관이 사라지고 나면 이 순간 여기에 있는 실재를 향한 열정이 생깁니다. '열정enthusiasm'이라는 단어는 그리스어에서 유래한 말로 '신에게 사로잡힌' 혹은 '고무된'이라는 뜻입니다.

의식 자체를 의식하면 마치 신에게 사로잡힌 것처럼 이 순간의 경험에 온전히 집중하며 생명 에너지를 느끼게 됩니다. 과거 기억을 잊고 현재를 온전히 받아들이게 되지요. 그러고 나면 우리는 더 큰 삶의 열정과 경이로움을 느낍니다.

1장부터 7장까지는 자신을 무가치하게 여기는 고통스러운 자아로부터 벗어나 자유를 찾는 데 필요한 토대, 즉 치료 원칙과 마음 처방전을 살펴보았습니다. 이 원칙과 처방전은 우리의 참자아가 본래 경계를 나눌 수 없는 무한하고 자유로운 존재라는 엄연한 진리를 깨닫는 데 도움이 됩니다. 당신은 이제 괴로움을 받아들이는 것은 필수가 아니라 선택의 문제임을 알게 되었습니다.

8장부터는 자신의 과거와 원만하게 지내는 법, 피해의식에서 벗어나는 법, 두려움이 아닌 사랑을 삶의 동력으로 삼는 법을 익히는 시간입니다. 당신과 함께 이런 주제에 관해 차근차근 얘기를 나눌 수 있게 되어 기쁩니다.

현재에 온전히 집중하면서 다음과 같은 감정들을 느껴보세요.

- ☐ 평화
- ☐ 행복
- ☐ 경이감
- ☐ 지혜
- ☐ 감사하는 마음
- ☐ 열정

그다음 자신의 내면에 어떤 변화가 생겼는지 적어보세요.

Suffering is Optional

3부

지금 여기에서
행복을 찾을 수 있을까

8장

과거와 새로운 관계를 맺는다

어느 화창한 오후, 친구 두 명과 호텔 수영장에서 즐겁게 대화를 나누고 있었습니다. 그러다 우리 세 사람은 동시에 한 아이에게 시선이 쏠렸습니다. 네 살가량의 아이가 잡지를 읽는 엄마 옆에 앉아 아이패드를 들고 있었습니다. 아이 아빠는 멀찍이 떨어져 앉아 생각에 골몰하고 있었지요. 어떤가요? 당신도 이 아이와 부모 사이에 존재하는 벽을 느낄 수 있을 겁니다.

아이는 의자에 앉아 부모와 함께 물놀이하며 신나게 웃고 있는 아이들을 부러운 눈으로 바라보았습니다. 그 아이들처럼 놀고 싶은 마음이 간절해 보였지요. 하지만 부모는 아이의 바람을 전혀 알아채지 못한 듯했습니다. 그렇게 어린 나이에 벌써 자기 처지를 체념하고 받아들이는 모습을 보니 마음이 아팠습니다.

저와 친구들은 이런 상황이 그 아이의 일상일 거라고 짐작했습니다. 만약 우리의 짐작이 사실이라면 그 아이는 자라면서 자기 자신이나 타인과의 관계, 세상에 대해 올바른 가치관을 형성할 수 있을까요?

이 어린 소녀는 양육자와의 경험에서 무엇을 배우고 있을까요? 아마 자신이 아무 관심도 받지 못하는 존재라고 느낄 겁니다. 이 같은 정체성을 자신과 동일시한다면 본연의 생명력을 스스로 차단하게 됩니다. 다른 아이들처럼 부모의 사랑을 받고 싶지만 그러지 못하는 처지에서 생명력이 시들어가고 있는 셈이지요.

괴로운 경험은 협소한 자아를 형성하는 재료가 됩니다. 당신도 자기 안에 있는 생명력을 펼치지 못하고 좌절했던 경험이 있나요? 영아기와 유아기에는 감수성이 예민하고 한창 배우는 나이인 만큼 다른 사람들이 자신을 대하는 태도로 얻는 경험에서 매우 강력한 영향을 받습니다. 대부분의 사람은 유년기의 경험을 토대로 자신이 부족하고 모자라고 흠이 많은 존재라고 규정하는 경향이 있습니다.

하지만 과거를 안고 살아간다는 것은 지금 이 순간에 집중하지 못하고 현재를 거부함을 의미합니다. 과거에 했던 경험은 문제가 되지 않습니다. 진짜 문제는 그 경험에서 형성된 사고패턴들이 마음과 육체를 지배하는 것입니다. 의심 없이 사실로 받아들인 생각들은 참본성에 내재된 생명력을 자각하지 못하도록 방해합니다.

특히 어떤 과거는 접착제처럼 단단하게 마음속에 달라붙기도 합니다. 이번 장에서는 과거의 기억으로 인한 고통에서 벗어나는 방법을 제시합니다. 어렸을 때 양육자와의 관계에서 겪는 경험이 어떻게 해서 '나'라는 분리된 자아를 형성하는지 알아보고, 다른 사람들을 기쁘게 하려고 애쓰는 행동이 사실은 자신을 무가치하게 느끼는 데서 비롯된 것이라는 사실을 파헤칩니다. 또 용서의 의미가 무엇인지도 다룰 예정입니다.

양육자의 행동이 미치는 영향

우리는 대체로 유년기에 양육자와의 관계에서 얻은 경험을 토대로 자아를 형성합니다. 이 과정에 대해서는 애착 이론Attachment Theory을 통해 이해하면 쉽습니다. 애착 이론은 1988년 영국의 심리학자 존 볼비John Bowlby가 처음 제시하고 그의 제자인 메리 에인스워스Mary Ainsworth가 정리한 이론으로, 자기와 세상을 바라보는 사고패턴이 어떻게 양육자와의 관계에서 연유하는지 기술하고 있습니다. 이 이론에 따르면 이 같은 사고패턴은 학습된 것이며, 대체로 무의식적으로 작동합니다. 많은 사람이 원인도 과정도 모른 채 괴로움에 빠져 사는 이유입니다.

다른 사람에게 약한 모습을 보일까 봐 두려운가요? 가까운 사람들이 당신이 중요하게 여기는 것에 신경 써주지 않을 거라고 생각하나요? 그렇다면 이는 어린 시절의 애착 관계에 문제가 있었음을 보여주는 징표입니다. 이 같은 관계 역학을 조명하는 이유는 양육자를 비난하거나 탓하려는 게 아니라 행복을 누리지 못하게 방해하는 조건화된 생각에서 벗어날 방법을 찾기 위해서입니다.

에인스워스가 한두 살짜리 아이들을 대상으로 조사한 논문에 따르면, 아이들과 어머니 사이에는 관계에 따라 다양한 형태의 애착이 존재합니다. 조사 결과에 따르면 어머니가 아이 곁을 지켰는지 그리고 아이의 감정에 적절히 반응하는지에 따라 애착의 종류가 크게 달라졌습니다. 애착이 안정적인 아이들은 어머니가 자리를 비웠을 때 낯선 사람이 곁에 있어도 크게 동요하지 않았고, 어머니가 돌아오면 다시 교감을 나누며 행복해했습니다. 아이가 어머니에 대한 신뢰감을 가지고 있다면 어머니가 자리를 비웠다는 사실에 배신감을 느끼지 않기 때문입니다.

반면에 애착이 불안정한 아이들은 어머니가 자리를 비우면 두려움을 느끼다가 정작 어머니가 돌아왔을 때는 회피했습니다. 또는 지나치게 매달리거나 화를 내는 등 일관되지 않은 반응을 보였습니다. 달래기가 무척 어려운 아이들도 있었지요.

이 연구 논문의 세부 사항을 자세히 들여다보지 않아도 양육자와의 관계에서 겪은 경험은 신뢰감 형성에 큰 영향을 끼친다는 사실을 알 수 있습니다. 자녀를 심하게 통제하거나 무심하게 대한 부모 밑에서 자란 경우, 혹은 학대를 받고 있는데 이를 보호해줄 사람이 없었던 경우, 부모의 사망이나 이혼 같은 사건으로 입은 정신적 외상을 방치할 경우 마음에 상흔이 남습니다. 이런 경우에는 자신의 감정을 어떻게 이해하고 껴안아야 하는지 알지 못하기 때문에 타인과 어떻게 진실한 관계를 맺어야 하는지 혼란을 느끼게 됩니다.

이 혼란과 불신이 계속되면 두렵고 공허한 감정만 자라나게 됩니다. 심리적 외상을 제대로 처리하지 못한 채 시간이 흐르면 자신을 무가치하고 무능하게 여기는 자아에 갇히기 십상입니다. 결국에는 자신이 얼마나 중요한 존재인지 믿지 못하는 상태에 이르지요.

어렸을 때 어떤 애착 관계를 형성했으며 이 관계가 자신에게 어떤 영향을 끼쳤는지 파악한다면 조건반사적으로 튀어나오는 사고패턴들을 정밀하게 포착할 수 있습니다. 조건화된 생각과 태도는 생생하고 강력해서 진짜 '나'처럼 느껴지기 때문에 그것들이 실상은 자신의 본질이 아님을 깨닫는 데 오랜 시간이 걸릴 수도 있습니다.

내담자인 미미 이야기를 해보겠습니다. 어느 날 상담을 끝낼 즈음, 그녀는 다음 상담 예약을 취소해야겠다고 말했습니다. 저는 조용히 고개를 끄덕이며 달력에 적힌 일정을 지웠습니다. 그러자 미미는 제 쪽으로 몸을 기울이며 당황스럽게 외쳤습니다. "그래도 괜찮아요? 정말 취소할 필요가 있다고 생각하세요?"

미미는 다른 사람들을 실망하게 하는 일에 유독 예민했습니다. 또 매번 상대의 반응을 살피는 습관이 몸에 밴 사람이었지요. 제 태도에서 흔쾌히 허락받은 징후를 발견하지 못하자 자기가 큰 잘못을 저질렀다고 느꼈겠지요. 미미는 상대방이 이런 반응을 보일 때마다 죄책감을 느낀다고 말했습니다. 저는 그녀의 어린 시절에 부모가 얼마나 자주 미미의 요구에 불만을 표시하고 묵살했을지 궁금했습니다. 그런 경험으로 몹시 고통스러웠던 게 분명하니까요.

유년시절 양육자와의 관계를 떠올린 뒤 다음 질문들에 곰곰이 답해보세요. 그다음 마음이 내킬 때마다 다시 들춰보기 바랍니다.

□ 그 관계는 어떤 느낌이었습니까?
□ 신뢰할 만하고 안정적인 관계였나요?
□ 불신을 쌓게 된 사건이 있었나요?
□ 당신이 슬퍼하거나 두려워할 때 부모님은 어떻게 반응했나요?
□ 이런 경험을 통해서 당신은 자신과 타인, 그리고 세상에 대해 어떤 생각을 품게 되었나요?

이제 어린 시절의 기억에서 벗어나 지금 어른이 된 당신에게 다시 질문해보세요.

□ 이런 관계들이 현재 당신에게 어떤 영향을 미치고 있나요?

□ 양육자와의 관계에서 형성된 사고패턴 중에 지금도 당신을 괴롭
   게 하는 생각은 무엇인가요?

□ 자신의 감정을 어떻게 대하나요?

만약 어린 시절의 기억을 떠올리는 게 너무 부담스럽고 괴롭게
느껴지면 이 훈련을 건너뛰어도 좋습니다.

과거를 재구성하라

유년기의 애착 문제가 현재의 삶에 영향을 미치고 있음을 깨닫는다면 마음 처방전과 치료 원칙을 적용해볼 좋은 기회입니다. 미미의 사례를 들어 어떻게 하면 괴로움에서 벗어날 수 있는지 살펴보겠습니다.

먼저, 죄책감에서 주의를 옮겨 심호흡을 해야 합니다. 미미는 일정을 취소함으로써 저를 실망하게 했다고 생각한 나머지 자신을 심하게 책망하게 되었습니다. 첫 번째 치료 원칙을 통해 자신을 탓하는 자아가 실은 왜곡된 생각들로 이루어져 있다는 사실을 깨달아야 합니다. 이 사실을 상기한다면 자신을 비난하는 생각이 조건화된 사고패턴이며, 그것들이 자신의 본질과는 아무 상관이 없음을 떠올리게 될 것입니다. 이로써 생각과의 사이에 완충지대가 생깁니다.

그다음 두 번째 원칙에 따라 자신을 비난하는 생각을 받아들이는 것은 필수가 아니라 선택의 문제라는 사실을 깨달아야 합니다. 설령 자신이 다른 사람에게 실망을 안겼다고 믿더라도, 이 원칙을 통해 이 순간의 경험을 다른 방식으로 받아들일 수 있지요. 그러니까 미미가 이 상황을 열린 마음으로 바라본다면 제가 실망하지 않았다고 생각할 수도 있고, 자신에게 아무런 잘못이 없다고 생각할 수도 있습니다. 어쩌면 모든 생각을 그냥 흘려보내고 호흡에만 집중할 수도 있습니다.

세 번째 치료 원칙에 따르면 경험을 구성하는 여러 요소 중에 어디에 주의를 둘지 스스로 통제할 수 있습니다. 이 원칙을 기억하면 익숙한 사고패턴에 끌려가지 않아도 된다는 사실을 깨닫게 되지요.

그다음 네 번째 치료 원칙에 따라 생각과 감정 너머에 있는 현재에 집중할 수 있습니다. 즉, 현재 경험 안에서 예전과 다른 새로운 모습으로 존재하게 되지요.

실재인 것만 같은 자아 정체성에 의문을 제기하고, 이를 해체하는 과정이 이해가 가나요? 익숙한 자아 너머를 들여다볼 때 어떤 가능성이 열릴지 느껴보세요.

치료 원칙을 통해 조건반사적인 반응이 어떤 고통을 초래하는지 알아차린 후에는 다섯 가지 마음 처방전을 적용합니다. 먼저 열린 마음과 호기심을 품고 자신의 경험에 주의를 돌립니다. 그다음 자신의 생각과 감정에 사로잡히지 않고 현재 경험을 알아차리는 의식 공간에서 안전한 안식처를 발견합니다. 세 번째로 자신이 붙들고 있는 신념, 즉 상담 일정을 취소하지 말았어야 했다든지 다른 사람들이 실망한다면 자신에게 문제가 있다고 믿는 생각을 자각하고, 이런 생각을 받아들이면 어떤 고통을 겪게 되는지 깨닫습니다. 그런 다음에는 생각에 관심을 주지 않는 훈련을 합니다. 이런 신념은 어렸을 때 학습한 것이며 이런 생각들이 자신의 참본성을 정확하게 설명하지 못한다는 사실을 이해하면 알아차림이라는 무한한 의식 공간에 머물면서 자신의 부정적인 생각에 관심을 주지 않게 됩니다.

그 뒤에는 심호흡하고 몸의 감각에 주의를 기울입니다. 자기 내면에 숨어 있는 감정, 즉 불안하고 초조한 감정들을 알아차립니다. 그리고 이런 감정과 감각을 깊은 이해심으로 있는 그대로 포용합니다. 마지막으로 현재에 깨어 있는 마음으로 거짓 자아에서 해방되는 경험을 하고 참본성이 지닌 평화로움을 발견합니다. 깨달음의 경험이 짧은 시간에 그칠 수도 있지만, 이 과정을 통해 고통에 사로잡히는 것이 필수가 아닌 선택임을 알아갑니다.

자신을 비난하는 생각은 계속해서 떠오를 것입니다. 하지만 그런 생각이 떠오를 때마다 치료 원칙과 마음 처방전을 기억하면서 그 생각을 맞이하면 됩니다. 한 번 시도한다고 해서 거짓 자아가 완전히 사라지거나 괴로움이 영원히 해소되지는 않습니다. 조건화된 사고패턴들은 쉽사리 사라지지 않습니다. 오랜 세월 당신의 몸과 마음에 머물던 습관인 만큼 힘이 약화하려면 그만큼 오랜 시간이 필요합니다.

저는 여러 해 전에 괴로운 생각이 일어날 때마다 꾸준히 이 방법으로 마음을 훈련했습니다. 그러던 어느 날, 아침에 눈을 떴는데 몇 개월째 한 번도 우울하지 않았다는 생각이 퍼뜩 떠올랐습니다. 뚜렷하게 변화를 경험한 극적인 순간도 없었고 뭔가 엄청난 일을 성취했다는 느낌도 없었지만, 비로소 행복하다는 생각이 들었습니다. 당신도 어서 이 평화와 기쁨을 느껴보길 바랍니다.

지난번에 쓴 내용을 다시 읽어보세요. 어린 시절에 형성되어 아직까지 자신을 괴롭히는 감정이나 생각을 한 가지 고릅니다. 그것을 먼저 네 가지 치료 원칙의 관점에서 살펴봅니다.

☐ 당신은 왜곡되고 부정확한 생각에 시야가 가려져 있습니다.
☐ 그런 생각을 사실로 받아들이는 것은 필수가 아니라 선택입니다.
☐ 이런 사고방식에 묶여 있을 이유가 없습니다. 당신은 얼마든지 주의를 돌려 현재에 집중할 수 있습니다.
☐ 생각과 감정 너머에 있는 자신의 본질을 탐색해보세요.

그리고 다섯 가지 마음 처방전을 적용합니다.

☐ 열린 마음과 호기심, 이해심, 헌신하는 자세로 자신의 경험에 주의를 돌립니다.
☐ 그 경험을 알아차림이라는 안전한 안식처에서 맞이합니다.
☐ 자신을 제한하는 생각에 관심을 갖지 않습니다.
☐ 사랑과 깊은 포용심으로 감정과 생각을 반갑게 맞이합니다.
☐ 우리의 본질인 의식 자체를 경험할 때 개별 자아는 해체됩니다. 조건화된 사고에서 벗어나 자유롭고 여유롭고 고요한 참자아를 즐겨보세요.

어린 시절의 상처와 작별하기

어렸을 때 양육자와의 관계에서 애착이 불안정하게 형성되면 성인이 되어서도 안정감을 느끼지 못합니다. 사랑받지 못한다는 느낌 속에서 불안하게 성장할 경우 이에 대처하기 위해 나름의 전략을 개발하게 됩니다. 어떤 이들은 불행한 경험을 기피하려고 사람들과 단절된 채로 살아가고, 어떤 이들은 마음에 벽을 치고 피상적이고 단기적인 관계만 유지합니다. 또 어떤 이들은 자기 가치를 확인하기 위해 다른 사람들의 인정을 받고 환심을 사려고 노력합니다. 우리 안에 깊이 뿌리내린 조건화된 성향을 알아내려면 인간관계에서 나타나는 습관적인 패턴을 관찰하고 그 기저에 놓인 자아 정체성을 찾아야 합니다.

내담자 루이는 부모님의 불화로 매일 고성이 오가는 험악한 가정에서 성장했습니다. 부모는 루이가 하는 모든 일에 손가락질했습니다. 루이가 사귀는 친구, 방을 정리하는 방식, 먹는 음식, 의견⋯. 모든 것에 간섭하고 비난했지요. 이런 환경에서 자란 루이는 늘 신경이 곤두서 있었고, 다른 사람들의 의견에 쉽게 휘둘리는 경향을 보였습니다.

그녀는 공허하고 불안한 마음을 달래기 위해 많은 남자를 만났습니다. 하지만 그 관계는 매번 오래가지 못했습니다. 연애를 할 때마다 상대에게 이것저것 간섭하며 통제하려 했고, 상대방이 불만을 표하면 감정적으로 반응하며 크게 싸우다 헤어지곤 했죠. 게다가 그녀는 자신의 판단력을 신뢰하지 못했습니다. 다른 사람들의 비판을 곧이곧대로 받아들였고 자신은 사랑받을 자격이 없다고 생각했습니다. 무엇보다 애정 어린 관심과 격려를 간절히 원하면서도 자기도 모르게 다른 사람들에게 무리한 요구를 하고, 멋대로 판단하고 화를 내는 경향이 있었습니다.

제가 처음 루이를 만났을 때 그녀는 자신을 제약하는 자아에 단단히 얽매여 있었습니다. 저는 자신이 형성한 자아를 관찰하고 그것이 과연 본인의 참모습인지 확인해볼 것을 권했지만, 그녀는 자신이 무가치하다고 믿을 만한 이유는 차고 넘친다고 답했습니다.

시간이 흐르자 루이는 저를 신뢰하고 의지하기 시작했습니다. 그렇게 열린 마음으로 치료에 임하자 비로소 남들에게 의지하던 습관에서 벗어나 자신의 경험에 주의를 돌릴 수 있게 되었습니다. 저는 그녀에게 자기 안에 있는 지혜의 소리를 찾으라고 조언했습니다. 루이는 자신의 내면을 들여다보면서 본연의 지혜가 자기 안에서 한 번도 떠난 적이 없음을 깨달았습니다. 그리고 서서히 자신에 대한 믿음을 회복했습니다. 그 뒤로 다른 사람들에게 더 친절해졌고, 자신을 부당하게 대하는 사람에게서 쉽게 벗어날 수 있게 되었습니다. 마음이 불안하거나 요동칠 때면 심호흡을 하며 마음을 진정시키고 스트레스를 해소했습니다. 그 덕분에 주변 사람과도 즐겁게 지내게 되었습니다. 걱정과 불안에서 벗어나자 수면의 질이 높아졌고 하루를 더 활기차게 시작하게 되었습니다.

당신의 성격이나 가치관은 인간관계에 어떤 영향을 미치고 있나요? 관계에서 주도권을 잡고 밀어붙이는 편인가요, 수동적인 편인가요? 혹시 조바심을 내고 매달리는 편인가요? 상대가 나를 위협하거나 통제하려는 것처럼 느끼나요, 아니면 당신이 조종해야 할 대상으로 생각하나요? 당신의 행복은 타인에게서만 찾을 수 있을 것 같나요? 다른 사람들 앞에서 긴장을 풀고 마음을 여는 것이 어렵게 느껴지나요? 유형은 각기 다르지만 여기에는 자신을 안전하게 방어하고 부족한 것을 보충하려는 의도가 깔려 있습니다. 이는 어렸을 때 양육자와 안정적인 애착 관계를 경험하지 못한 데서 발생한 감정의 앙금일 가능성이 큽니다.

다른 사람과의 관계는 주로 자기 자신을 어떻게 규정하느냐에 따라 결정됩니다. 그리고 자신을 규정하는 방식은 자신이 사실로 여기는 신념과 그 신념의 기저에 깔린 감정이 결정합니다. 자신을 부족한 사람이라고 믿는 사람은 매사에 자신의 감정을 살피고 결핍을 충족하느라 분주해서 현재 존재하는 평화에서 멀어지게 됩니다. 진위 여부를 가리지도 않고 이런 신념을 그대로 유지하면 스스로 '나'라고 믿는 잘못된 자아만 견고해질 뿐입니다. 이런 경우 신경이 온통 자신에게만 쏠리기 마련이지요.

잘못된 자아에서 벗어나고 싶으면 먼저 자신이 어떤 상태인지를 자각해야 합니다. 자신이 다른 사람들과 교류할 때 어떤 식으로 대응하는지 알아야 그 기저에 놓인 신념을 해체할 수 있습니다. 이를 위해서는 먼저 당신을 괴롭히는 생각은 왜곡된 것이고, 그것들을 믿는 것은 선택 사항이라는 치료 원칙을 기억하세요. 그런 생각에 귀 기울이지 말고 이 순간 당신의 경험 전체를 알아차리는 데 집중하세요. 그런 다음 마음 처방전을 적용하세요. 심호흡을 하고 이 순간 자신의 경험, 즉 채워지지 않는 공허함, 거절당할 것에 대한 두려움, 몸 전체를 경직시키는 긴장감에 주의를 돌리십시오. 머릿속에 떠오르는 부정적인 생각에 관심을 주지 말고 이 모든 것을 가만히 지켜보며 그저 다정하게 반겨주세요.

고통은 자신을 성찰하게 하는 좋은 재료입니다. 고통스러운 감정으로 생긴 그릇된 자아 때문에 스스로 자신을 제한하는 족쇄에 묶여 있음을 깨달았다면, 그 경험에 반응하는 방식을 바꿀 수 있습니다. 자신이 불행하고 부족하다고 느끼는 자아는 당신의 참자아가 아닙니다. 당신의 참자아는 빛나는 의식 자체이며 온전하고 자유롭습니다.

언제나 평화롭고 차분한 사람은 아마도 없을 겁니다. 제 마음에도 자주 먹구름이 낍니다. 두려움 때문에 마음을 닫아버리고 생각에 이끌려 현재에 몰입하지 못할 때도 있습니다. 하지만 이런 순간에도 마음만 먹으면 언제든 현재에 집중할 수 있다는 사실을 압니다. 이를 인식한다면 누구나, 언제든지 부정적인 생각에서 주의를 돌릴 수 있습니다. 현재의 경험을 궁금해하고, 관대하게 포용하고, '나'라는 자아가 들려주는 잘못된 이야기에서 벗어난다면 영원한 평화를 찾을 수 있습니다.

관찰자가 되어 자신을 이해하고 상황을 올바르게 바라보는 연습을 해봅시다. 먼저 자신이 맺고 있는 인간관계를 생각해본 뒤, 천천히 다음 문장을 완성합니다.

☐ 나는 사람들이 _____ 해주었으면 한다.

☐ 나는 사람들과 어울릴 생각을 하면 _____ 기분이 든다.

☐ 나는 _____ 때는 사람들과 함께 있어도 몹시 편안하다.

☐ 나는 _____ 때는 사람들과 함께 있는 게 몹시 불안하다.

☐ 사람들과 소통할 때 나는 보통 _____ 하는 편이다.

☐ 나는 _____ 때 내가 중요하지 않다고 느낀다.

☐ 나는 _____ 때 사람들에게 화가 난다.

☐ 나는 _____ 때 사람들을 기피한다.

☐ 나는 _____ 때 사람들을 찾는다.

당신이 흔히 하는 반응 패턴을 찾아보고 여기에 치료 원칙과 마음 처방전을 적용합니다. 어떤 사실을 발견하든지 마음을 열고 받아들이세요. 그럼으로써 생긴 마음의 변화를 자유롭게 적어 보세요.

나쁜 기억에 묶여 있을 때

당신이 과거에 대한 생각에 붙잡혀 지낸다면 현재 경험을 온전히 느끼지 못할 가능성이 큽니다. 아마 과거의 상황을 두고 누가 누구에게 어떤 짓을 했는지 떠올리고 그 일에 어떻게 대처했어야 하는지를 조목조목 따지며 주의를 빼앗긴 상태일 것입니다. 또 그 사건이 지금 당신에게 미치는 영향을 자의적으로 해설하고 판단하느라 마음이 분주할 테지요. 현재 내가 느끼는 고통은 다른 사람 탓이라고 생각하며 어떤 조치도 취하지 못하고 무력감에 빠져 있을지도 모릅니다. 이처럼 과거에 일어난 일들을 떠올리며 사건을 재구성하고 있다면 여기에 생각이 묶여 자유를 찾지 못하게 됩니다.

마음이 과거에 묶여 있을 때 나타나는 사고패턴은 세 가지로 나타납니다. 다음 패턴 중에 당신에게 해당하는 유형이 있는지 살펴보기 바랍니다.

피해의식

과거에 발생한 어떤 사건으로 부당하게 피해를 봤다고 생각한다면, 당신은 피해자라는 정체성에 갇혀 있을 가능성이 큽니다. 아마 가해자를 탓하며 살아가겠지요. 살다 보면 어려움이 생기기 마련이고 모든 사람이 나에게 친절하게 대하지는 않습니다. 하지만 스스로 타인이 저지른 행위의 피해자라고 믿는다면, 마음은 계속해서 이 믿음을 정당화하고 아무 해결책도 없는 생각을 한없이 반복합니다.

나를 피해자로 규정하는 일은 다른 사람의 행위가 자신의 불행을 초래했다고 믿는 것을 의미합니다. 따라서 이 문제를 해결할 주체는 내가 아니라 그 사람이 되지요.

당신도 혹시 피해의식에 사로잡혀 있지는 않은가요? "나는 억울하게 당한 것뿐이야"라며 자기 안에서 속삭이는 소리를 들을 때 어떤 기분이 드나요? 화가 나거나 무기력한 마음이 들지도 모릅니다. 피해의식에 빠진 사람은 '나'라는 개별 자아에 집착합니다. '이런 일은 나한테 일어나면 안 돼. 나는 사과를 받아야 해'라는 생각을 품고 있죠. 이런 생각에는 '나'라는 분리된 자아가 뚜렷하게 드러납니다. 이 자아는 타인으로부터 분리되었을 뿐 아니라 현재로부터도 분리되어 있습니다.

이런 생각들은 모두 견디기 힘든 감정에서 자신을 보호하고자 만들어낸 것들입니다. 당신이 느끼고 있을 슬픔이나 상실감, 분노의 감정을 외면하고 바깥으로 시선을 돌린다면 당신은 영원히 그 해결책을 찾을 수 없습니다. 자기를 향한 사랑과 깊이 포용하는 마음으로 이런 감정을 반갑게 맞이해야만 고통에서 벗어날 가능성에 가까이 다가갈 수 있습니다.

자신을 피해자라고 여기는 자아가 들려주는 이야기는 생기를 빼앗아가는 흡혈귀입니다. 그런 이야기에 관심을 주지 않을 때 현재 누릴 수 있는 것들을 발견하게 됩니다. 예전에는 바깥에서 해결책을 찾아다니며 감정을 기피했다면 이제 주의를 옮겨 내면에 있는 따사로운 자비와 평화를 느껴보세요.

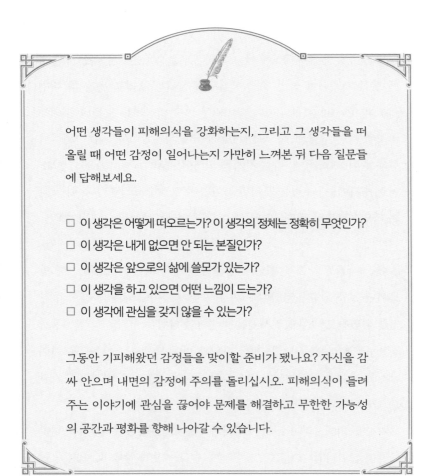

어떤 생각들이 피해의식을 강화하는지, 그리고 그 생각들을 떠올릴 때 어떤 감정이 일어나는지 가만히 느껴본 뒤 다음 질문들에 답해보세요.

☐ 이 생각은 어떻게 떠오르는가? 이 생각의 정체는 정확히 무엇인가?
☐ 이 생각은 내게 없으면 안 되는 본질인가?
☐ 이 생각은 앞으로의 삶에 쓸모가 있는가?
☐ 이 생각을 하고 있으면 어떤 느낌이 드는가?
☐ 이 생각에 관심을 갖지 않을 수 있는가?

그동안 기피해왔던 감정들을 맞이할 준비가 됐나요? 자신을 감싸 안으며 내면의 감정에 주의를 돌리십시오. 피해의식이 들려주는 이야기에 관심을 끊어야 문제를 해결하고 무한한 가능성의 공간과 평화를 향해 나아갈 수 있습니다.

비난하고 원망하는 마음

피해의식에 사로잡혀 자신이 겪는 괴로움의 원인이 다른 사람에게 있다고 굳게 믿는 이들은 그 사람을 지나치게 원망하고 비난합니다. 이같은 패턴은 워낙 견고해서 다른 곳으로 시선을 돌리는 것 자체가 무척 어려울 수 있습니다. 이런 사람은 피해의식에서 벗어나는 데 오랜 시간이 걸리기 때문에 전문가에게 상담을 받는 것도 좋은 방법입니다.

비난과 원망의 감정은 괴로움만 안겨줄 뿐입니다. 이런 마음으로는 현재의 경험에 호기심을 품을 수가 없습니다. 비난하고 원망하는 생각들이 마음의 평화와 행복을 얻는 데 보탬이 되지 않는다는 사실을 인식하세요. 그리고 처방전에 따라 알아차림이라는 안식처에 머물면서 부정적인 감각과 에너지도 반갑게 맞이하고 모든 경험을 있는 그대로 껴안는 훈련을 하세요.

과거의 힘든 경험으로부터 형성된 자아는 이 경험을 관대하게 포용하는 과정을 거쳐 조금씩 해체됩니다. 자신의 고통에 마음을 열면 결국 인간의 보편적 고통에도 마음을 열게 되고 다른 사람들이 한 일을 이해할 수 있는 힘이 새로 솟습니다.

어렸을 때 당신에게 상처 준 사람들이 있다면 가만히 떠올려보세요. 그들 역시 감정을 주체하지 못했거나 잘못된 자아 때문에 생긴 착각에 빠져 살았을지도 모릅니다. 자기 스스로도 통제가 안 되었거나 너무 두려웠던 나머지 다른 생각은 하지 못했을지도 모릅니다. 어쩌면 여러 세대에 걸쳐 학습된 사고패턴이 자기도 인지하지 못하는 가운데 표출된 것일 수도 있지요.

다른 사람이 어째서 잘못을 저질렀는지 그 배경을 이해하는 것은 그런 행동을 용납하려는 게 아니라 비난하고 싶은 충동을 완화하는 데 목적이 있습니다. 살다 보면 가시밭길도 가는 것이 인생입니다. 상대방이 처한 조건을 고려하지 않으면 문제를 이분법적으로 바라보게 되고, 스스로 가련한 피해자가 되어 상처에 몰입하면서 상대방에게 더 가혹한 잣대를 들이대게 됩니다. 하지만 '나'라는 분리된 자아의 생각이 허물어지면 우리 마음은 사랑과 이해심으로 충만해집니다.

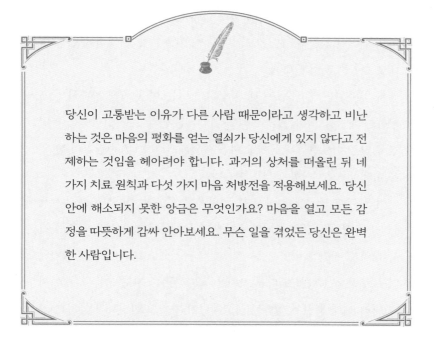

당신이 고통받는 이유가 다른 사람 때문이라고 생각하고 비난하는 것은 마음의 평화를 얻는 열쇠가 당신에게 있지 않다고 전제하는 것임을 헤아려야 합니다. 과거의 상처를 떠올린 뒤 네 가지 치료 원칙과 다섯 가지 마음 처방전을 적용해보세요. 당신 안에 해소되지 못한 앙금은 무엇인가요? 마음을 열고 모든 감정을 따뜻하게 감싸 안아보세요. 무슨 일을 겪었든 당신은 완벽한 사람입니다.

현실을 거부하는 사고방식

많은 사람이 '예전에 이렇게만 했어도 현재 훨씬 나은 삶을 살고 있을 거야'라고 생각합니다. 하지만 '만약 이렇게만 했어도'라는 사고에 따라 그려낸 상황은 망상에 불과합니다. 이러한 희망적 사고는 현실을 있는 그대로 보지 못하게 하지요.

막연한 바람이나 소망 혹은 기다림에서는 결코 행복을 찾을 수 없습니다. '과거에 이랬더라면' 혹은 '앞으로 이렇게 된다면' 좋을 것이라는 생각은 현재 일어나는 일들을 무시하게 하기 때문입니다.

'다른 집에 태어났더라면 좋았을 텐데'라며 아쉬워하고, '언젠간 나아지겠지'라며 막연히 기대하고, 당신에게 피해를 준 사람이 사과하면 문제가 모두 해결될 것이라고 생각하며 기다리고 있나요? 그렇다면 당신은 과거나 미래에 대한 생각에 사로잡혀 지금 이 순간 얻을 수 있는 평화를 놓치고 있는 셈입니다.

실재하는 현실을 거부하는 것은 '나'라는 분리된 자아가 드러내는 특징입니다. 만물의 실재를 있는 그대로 받아들이는 방법만이 행복을 얻는 길입니다. 과거는 바꿀 수 없지만, 지금 일어나는 일들에 어떻게 반응할지는 당신이 선택할 수 있습니다.

오래전부터 억눌러왔던 감정을 그대로 받아들일 때 더 심한 고통을 느낄지도 모릅니다. 하지만 그것들을 억압하는 일에는 훨씬 더 많은 에너지가 듭니다. 계속해서 지금처럼 살면 당신을 괴롭히는 생각들에서 벗어날 수 없음을 기억하세요.

과거에 당신에게 일어난 일을 떠올리고, 어떤 생각이 드는지 성찰합니다. 현실을 거부하는 희망적 사고에 사로잡혀 있나요? 상황이 나아지기만을 바라며 가만히 기다리고 있나요?

다음 질문에 답해보세요.

☐ '과거에 이랬더라면' 하는 생각을 통해 얻은 것은 무엇인가요?

☐ 과거의 그 상황을 그대로 관찰하세요. 어떤 사실이 보이나요?

☐ 더 나은 과거나 더 나은 미래를 희망하며 지금 회피하고 있는 감정은 무엇인가요?

이제 치료 원칙과 마음 처방전의 도움을 받아 현재의 경험에 충실하게 임하는 연습을 해보세요.

미워하는 마음을 누그러뜨리는 방법

마음속에 간직하고 있는 원한이 있나요? 그렇다면 가해 행위가 오래 전에 멈췄음에도 당신 혼자 그 일에 매달려 있지는 않은지 생각해보세요. 과거가 아닌 지금 당신이 느끼는 상처는 사실 당신이 스스로에게 만들고 있는 것입니다.

용서란 열린 마음과 호기심으로 자신의 경험에 주의를 돌릴 때 일어나는 내면의 변화이며, 다른 사람과는 그다지 관계가 없습니다. 과거 사건에 대한 기억과 시시비비를 가리는 신념들이 만들어내는 이야기를 멈춰야 합니다. 그리고 그 고통을 따뜻하게 맞이해야 합니다. 해소되지 못한 채로 남아 있는 신체 감각을 그대로 느끼고 깊이 껴안아야 합니다. 이것이 과거를 벗어나기 위해 당신이 할 수 있는 일입니다.

자신이 붙들고 있는 원한에 치료 원칙을 적용해보세요. 자신이 피해자라는 생각은 왜곡되었으며 이 생각을 믿고 안 믿고는 선택 사항입니다. 그리고 그런 생각에 집중할수록 자유를 찾는 일에서는 멀어질 뿐입니다. 괴로움에서 벗어나겠다는 마음으로 자신을 피해자로 여기는 자아에 주의를 기울이면, 이 자아가 사실은 실재를 왜곡하는 생각과 고통스러운 감정으로 이루어져 있음을 알 수 있습니다. 이 자아를 해체하고 무너뜨리는 것만이 고통에서 벗어나는 유일한 길입니다. 마음이 생성하는 생각에서 모든 관심을 거두는 순간 시간과 공간에서 벗어나고, 분리된 자아는 무한하고 영원한 의식 자체, 즉 순수한 알아차림 속으로 사라집니다. 이것을 일러서 '참된 집으로 돌아간다'라고 합니다.

존재의 본질을 깨닫고 나서 형상의 세계로 돌아오면 현상과 실재는 하나라는 비이원론에 따라 모든 것을 바라보게 됩니다. 어떤 생각과 감정이 일어나든 간에 뭔가를 상실하는 일도 없고 빠트리는 일도 없음을 확신하게 되고 열정과 기쁨, 감사의 마음이 솟아나며 어떠한 것에도 집착하지 않게 됩니다. 현상과 실재가 하나임을 깨닫게 되면 자신의 참본성을 만날 수 있습니다. 참본성을 알아가는 여행을 떠나보세요. 어떠한 대상에도 집착하지 않고 무형의 의식으로 살아가세요. 만일 조건화된 생각이 견고하게 버틴다면 치료 원칙과 마음 처방전을 적용해 그 영향력을 약화해나가세요. 당신이 조건화된 생각에 사로잡혀 있거나 자유로울 때에도 생명은 어떤 제약도 받지 않고 생기를 펼칩니다. 당신은 이 생명과 이미 하나입니다.

다음 장에서는 '나'를 세상과 단절시키고 고통을 안겨주는 또 한 가지 사고방식을 살펴보겠습니다. 그것은 상대의 말과 행동을 확대 해석하고 과잉 반응하는 태도입니다. 이 태도로 결국 상처를 입는 사람은 누구인가요? 이 질문의 답을 찾고 마음의 평화와 행복을 찾아 나서기로 합시다.

피해의식과 원망하는 마음을 떠나보내는 데에는 시간이 걸립니다. 이런 생각이 떠오를 때마다 관심을 돌려야 합니다. 다음과 같은 행위에 주의를 집중하세요.

☐ 멈춘다.   ☐ 환영한다.

☐ 마음을 연다.   ☐ 친해진다.

☐ 심호흡을 한다.   ☐ 수용한다.

☐ 알아차린다.   ☐ 포용한다.

☐ 관찰한다.   ☐ 존재한다.

9장

상황을 객관적으로 바라본다

내담자 마샤는 완벽함에 대한 기준이 너무 높은 부모와 형제들 사이에서 자랐습니다. 마샤의 부모님은 그녀가 조금이라도 실수를 하면 마구 호통을 치곤 했습니다. 어린 시절의 마샤는 늘 열심히 노력했지만 칭찬은커녕 항상 꾸지람을 들어야 했지요.

마샤가 스무 살에 겪은 일입니다. 그녀는 주말 가족 모임을 위해 비행기를 탔고, 공항에는 그녀의 언니가 마중을 나오기로 했습니다. 그런데 문제가 생겼습니다. 비행기가 한 시간이나 연착된 것입니다. 마샤는 초조함에 발을 굴렀습니다. 자기가 언니를 기다리게 했다는 사실 때문에 죄책감이 밀려들었습니다. 설상가상으로 승무원들의 안내에 따라 비행기에서 맨 마지막으로 내리게 된 마샤는 언니에게 어떤 질책을 듣게 될지 생각만 해도 몸서리가 쳐졌습니다.

마샤의 고통이 느껴지시나요? 그녀는 자신이 통제할 수 없는 이유로 공항에 늦게 도착했음에도 자기 잘못이라고 죄책감을 느꼈습니다.

열등감이라는 렌즈를 통해 세상을 바라보면 매사 상황을 곡해하기 쉽습니다. 그리고 자기에게 상처를 내게 되지요. 상황을 확대 해석하고 과잉 반응한다는 말은 나라는 사람의 가치가 외부 요인, 즉 다른 사람들의 말과 행동에 좌우됨을 뜻합니다. 이런 사람은 누군가 별뜻 없이 하는 말이나 행동을 곡해하고 자신에 대한 부정적 의미를 담고 있다고 생각합니다. 심한 경우 다른 사람이 느끼는 고통에 죄책감을 느끼기도 하고 일이 잘 안 풀리면 모든 게 자기 때문이라고 생각하기도 합니다. 예를 들어 상대가 데이트 장소에 늦게 나타나면 자신은 존중받을 자격이 없는 사람이라고 결론을 내립니다. 상대가 연락하지 않으면 그 사람이 나와 친해지기 싫다고 생각할 만한 온갖 이유를 머릿속에 떠올리곤 합니다.

내담자 조앤도 마찬가지였습니다. 다른 사람들과 자신을 비교하며 자신에게서 부족한 점을 찾아내는 습관이 몸에 배어 있었죠. 동료가 다른 직원에 대해 칭찬을 하고 자기에 대해서는 아무 말도 하지 않았다면 칭찬을 받지 못했다는 이유로 한순간에 우울해지기도 했습니다.

사람의 마음이란 이토록 강력합니다. 우리 마음은 사실을 왜곡하고 괴로움을 안겨줍니다. 이 고통에 주목하지 않고 감정을 수용하지 않는다면, 마음은 자기비판적이고 우울한 이야기를 끊임없이 만들어낼 것입니다. 그러다 보면 "나는 부족한 사람이야"라고 속삭이는 자아에 사로잡히고 맙니다. 부정적인 생각과 쓰라린 감정에 휩쓸려 표류하느라 현재에 집중할 때 열리는 가능성의 문을 놓쳐버리고 말지요.

이 장에서는 상황을 곡해하고 자신을 비판하는 습관에서 벗어나는 방법을 분석할 것입니다. 생각과 감정을 다루는 방법들을 통해 다른 사람들의 말과 행동이 당신을 겨냥하고 있지 않다는 사실을 알아보겠습니다.

허상이 무엇이고 실재가 무엇인지 분별하려면 이해심과 포용심, 사랑을 품고 자기 내면으로 끊임없이 주의를 돌리는 연습을 해야 합니다. 마음을 훈련하는 일에 정진한다면 자신이 부족하고 무능하다는 생각에 전혀 영향을 받지 않는 평화로운 마음을 발견하게 됩니다.

확대 해석은 과잉 반응을 부른다

상황을 확대하여 해석하는 심리가 우리에게 미치는 영향력은 심각합니다. 이 문제는 '나'라는 분리된 자아를 자신과 동일시하고 참본성을 망각했을 때 발생합니다. 자신이 어떻게 괴로움에 빠지게 되는지 이해하면 참자아가 지닌 평화로운 마음을 발견할 수 있습니다. 이를 위해서 먼저 다음 유형들을 살펴보고 자신이 어디에 속하는지 파악해보세요.

자기 배반

저는 '자기 배반Self-Betrayal'이라는 단어를 처음 듣고 그 의미를 이해했을 때 마치 벼락에 맞은 듯했습니다. 왜곡된 생각에 빠지는 것은 스스로 배반하는 행위라는 사실을 깨달았기 때문이죠. 저 역시 협소한 자아가 규정하는 대로 저 자신이 무능하고 무가치한 존재인 양 행동하고 남들에게 거절당하거나 비판을 받게 될까 봐 늘 불안해하곤 했습니다. 이 모든 것이 바로 자신을 배반하는 행위입니다.

자기를 배반하는 사람은 자신에 대한 다른 사람들의 반응을 스펀지처럼 흡수합니다. 주변 사람들이 하는 말과 행동으로 자기 자신을 규정하는 것이죠. 이는 자신이 진짜 누구인지 말해주는 목소리에 귀기울이지 않고 신뢰하지 못할 정보만 믿는 꼴입니다.

저는 자기 배반이라는 개념을 깨닫고 두려움이 사라졌습니다. 주변 사람들의 눈치를 살피는 일을 중단하고 내면을 들여다보기 시작하자 스스로 부족하다고 생각하던 고통에서 벗어날 수 있었습니다.

주변에서 무슨 일이 벌어졌을 때 자기도 모르는 사이에 그 일을 자기 위주로 확대하여 해석하고 곡해한다면, 이는 자신을 배반하는 행위입니다. 다른 사람들이 하는 말과 행동을 당신에 관한 것이라 믿고 사실로 받아들이는 일은 바꿔 말하면 자신의 본질을 무시한다는 뜻이니까요. 당신도 자기 배반을 하고 있지는 않은지 생각해보세요.

이제 자기 배반에 대해 성찰할 차례입니다. 잠시 눈을 감고 자기를 향한 자비심과 포용심을 품어보세요. 그다음 "나는 어떻게 나 자신을 배반하는가?"라는 질문에 대한 답을 작성해보세요.

그다음 "어떤 상황에서 나 자신을 배반하게 되는가?"라는 질문에 답해보세요.

다 적은 뒤에는 가만히 앉아서 자신이 발견한 사실을 되새기세요. 나 자신을 신뢰한다는 건 무엇을 의미할까요?

자기 방어 또는 애정결핍

매사 자기 위주로 확대 해석을 하는 경우 인간관계에 제약을 받을 수밖에 없습니다. 상대의 의도를 곡해해 마음에 상처를 입으면 다음과 같은 일들이 벌어집니다. 만일 이 중 어느 하나에라도 해당한다면 당신은 잘못된 자아로 살아가는 중입니다.

- 겉으로는 아무렇지 않은 척하면서 속으로 상처를 달래고 남몰래 힘들어한다.
- 모든 사람과 거리를 둔다.
- 다른 사람들의 환심을 사려고 무리한 노력을 한다.
- 관계가 깨질까 봐 두려워 전전긍긍한다.
- 관계를 시작할 때부터 결국 버림받을 것이라 예상한다.

내담자 안드레아 이야기를 해보겠습니다. 그녀는 자신의 결혼 생활이 최악이라고 말했습니다. 안드레아는 끊임없이 애정을 갈구했고 남편이 이를 충족해주지 못하면 화를 냈지요. 20년이 넘게 함께 살면서 두 사람의 관계는 열정과 냉정, 갈등 사이를 오갔지만 결국 사랑이 넘치는 관계가 되지는 못했습니다.

아시다시피 사람 사이의 갈등은 어느 한쪽의 잘못으로 발생하는 경우는 드뭅니다. 소통하는 과정에서 두 사람 모두 갈등의 원인을 제공하기 마련이지요. 이때 두 사람 모두 자신이 어떤 식으로 갈등의 원인을 제공하는지 기꺼이 들여다보려는 마음이 있다면 악순환의 고리는 언제든 끊어낼 수 있습니다. 무엇 때문에 자신의 본질을 잊어버리고 다른 사람의 환심을 사려고 하는지, 혹은 벽을 쌓고 숨어버리는지 알아내야 합니다.

깊은 이해심을 품고 자신의 내면을 들여다보세요. 너무나 익숙해서 찾아내기 힘들지도 모르지만, 자세히 들여다보면 그동안 눈치채지 못했던 조건화된 패턴이 숨어 있을지도 모릅니다. 사실이 아님에도 사실로 믿고 있는 것들이 있는지 살펴야 사람들과 진정성 있고 참된 관계를 맺을 수 있습니다.

다음 질문에 답해보세요.

☐ 거부당하거나 버림받지 않도록 자신을 어떻게 보호하고 있나요?

□ 나에게 상처를 준 사람을 어떻게 대하나요?

이 같은 개별 자아의 행동에 치료 원칙과 마음 처방전을 적용해
봅시다. 습관적인 반응을 잠시 옆으로 치워놓고 사람들과 소통
하는 새로운 방법을 모색해보세요.

소외에 대한 공포

다른 사람과 나 사이에는 적절한 거리가 필요합니다. 만약 당신이 매사에 자기 위주로 확대 해석을 하고 자신의 필요를 채우기 위해 다른 사람의 환심을 얻으려 한다면, 이 적절한 거리를 유지하지 못하고 있는 것입니다.

어떤 사람은 다른 사람들이 자신을 이용하려 들고 소홀히 대접한다고 생각할지도 모릅니다. 이런 일은 주로 자신을 무가치하다고 여기는 신념에 빠졌을 때 일어납니다. 지금쯤이면 알고 있겠지만 자신을 무가치하게 여기는 자아는 당신의 참모습이 아닙니다. 이 협소한 자아의 본질이 무엇인지 파악하고 나면 남들과 적절한 거리를 유지할 수 있습니다. 다른 사람들이 하는 부탁이나 요구를 항상 받아들이던 패턴에서 벗어난다고 생각해보세요. 당신은 이제 상황에 따라 어떻게 하는 것이 최선인지를 자문해볼 수 있습니다. 내면에 있던 두려움과 결핍을 제거하고 나면 개별 자아가 요구하는 필요와 욕망보다 훨씬 지혜로운 선택을 하게 됩니다.

내담자 지나는 마약 중독에 빠진 아들에게 생활비에 보태라며 수만 달러씩 빌려주곤 했습니다. 하지만 아들은 한 푼도 갚지 않았지요. 지나의 사연을 듣는 동안 저는 그녀가 돈을 돌려받을 길은 없겠다고 생각했습니다. 그녀는 아들에게 너무 나약했습니다. 마땅히 돌려받아야 할 돈을 요구하면서도 아들의 눈치를 보는 식이었죠. 그녀는 아들을 화나게 할까 봐 두려워했습니다.

지나는 자기 안에 있는 두려움과 자신을 하찮게 여기는 자아를 마주하기로 용기를 냈습니다. 그다음 자신의 경험에 주의를 돌리고 그동안 알아차리지 못했던 감정과 생각을 발견했습니다. 아들을 실망시킬까 봐 두려워하는 마음의 기저에는 오랫동안 억압되어 있던 또 다른 무언가가 있었습니다. 그것은 자신은 너무 하찮아서 자기 욕구를 드러낼 수 없으며, 아무리 해도 그 욕구를 채울 수 없을 거라는 잘못된 믿음이었습니다.

지나는 이 억압된 감정을 알아차리고 받아들였을 때 마치 온몸의 세포가 재배열되는 듯했다고 말했습니다. 우리는 몇 가지 상황을 정해 역할극을 해보며 아들에게 돈을 요구하는 장면을 연습했습니다. 그다음 그녀는 실제로 아들을 만나 저와 연습한 대로 대화를 나눴습니다. 아들이 곧바로 돈을 갚지는 않았지만 그녀는 자신이 무가치하다는 생각에 지배당할 필요가 없음을 깨닫고 내적인 힘이 솟아남을 느꼈습니다. 이후로는 과거를 되새김하는 시간이 서서히 줄어들고 평온하게 머무는 시간이 늘어났습니다.

자신에 대한 협소한 생각에서 벗어날 수 있도록 마음을 활짝 열고 용기를 내세요. 내면 깊이 들어가 두려움을 마주하고 따듯하게 안아주세요. 자신의 실재를 경험하기에 이보다 더 나은 방법은 없습니다. 누군가의 환심을 사거나 자신을 보호할 필요가 없다면 당신은 어떻게 행동할까요? 이 사실을 깨달은 뒤 하고 싶은 일이 생겼다면, 그 일을 실제로 시도해보세요.

자신이 무능한 존재라는 기분이 들게 하는 사람을 떠올립니다. 그 사람이 당신 앞에 서 있다고 상상한 뒤 질문에 답해보세요.

☐ 그 사람과 마주하고 있을 때 몸에서 어떤 반응이 일어나나요?
☐ 어떤 말을 하고, 어떻게 행동하고 싶은가요?
☐ 당신을 지배하는 조건화된 생각과 감정을 치워버렸다고 상상합니다. 그것들을 치워버린 지금 어떤 느낌이 드나요?
☐ 이제 그 사람을 예전과 다르게 대한다면 어떤 말을 하고, 어떻게 행동하고 싶은가요?

적정한 거리를 유지하기 힘든 또 다른 사람을 떠올린 다음 이 과정을 반복합니다. 꾸준히 훈련하다 보면 그 사람들과 새로운 방식으로 소통하고 싶은 욕구가 생길 것입니다.

당신이 예전처럼 반응하지 않게 되면 상대방이 달가워하지 않을지도 모릅니다. 그럴 때는 흔들리지 말고 계속 호흡에 집중하면서 깨어 있는 마음으로 참본성에 머물러야 합니다. 가능한 한 최선을 다해 그 사람과의 관계를 헤쳐나가십시오. 다른 사람들 역시 당신의 새로운 모습에 적응하려면 시간이 걸릴 것입니다.

무기력한 태도

다른 사람들이 평가하는 대로 자신을 규정하는 태도는 삶에 대한 열정을 상실하게 합니다. 이는 자신의 재능과 열정을 스스로 제한하고, 시작하기도 전에 성공하지 못할 변명거리를 만드는 것과 마찬가지이기 때문입니다. 이런 사고방식이 삶에 미치는 영향은 더할 수 없이 크고 고통스럽습니다.

어떤 이들은 이 고통을 가리켜 '일상의 평범한 일'이라고 말할지도 모릅니다. 자기를 제한하는 상태로 살아가는 데 너무 익숙한 나머지 다른 가능성이 있다는 사실마저 고려하지 못하는 것이죠. 자신이 진짜 어떤 사람인지 그리고 어떤 사람이 아닌지 아는 참지식에서 멀어진 상태입니다.

남들에게 받는 애정과 관심만이 자신을 온전하게 해주리라 믿고 굶주린 사람처럼 늘 사랑을 갈구하고 있지는 않나요? 하지만 아무리 해도 그 허기는 채워지지 않습니다. 거짓 자아가 만들어낸 대본을 진짜라고 믿고 영화 속 배우처럼 하나의 역할을 연기할 뿐이니까요. 이 대본의 결말은 행복할 리가 없습니다.

상처받는 일은 어디까지나 선택 사항입니다. 나 자신을 인정하지 않고, 다른 사람들을 원망하고, 결핍을 채우려고 바깥을 헤매는 동안 당신은 놓치지 말아야 할 것을 놓치고 있습니다. 바로, 지금 여기에 펼쳐져 있는 삶입니다.

당신에게 펼쳐진 가능성은 매우 충만합니다. 주변을 둘러보세요.

외부가 보이지 않는 고층 건물이나 방 안에 있더라도, 또 자신의 부정적 사고가 만들어낸 암울한 현실만이 눈에 보이더라도 그와 상관없이 만물은 생명력으로 충만합니다. 가만히 호흡하며 몸 안으로 흘러 들어오는 생명력을 느껴보세요. 다른 사람들이 당신을 평가하는 말에 귀를 막고, 슬픔을 불러일으키는 생각에 관심을 주지 마세요. 조건화된 사고패턴을 자각하고 이를 무시하면 지금 이 순간 당신 앞에 펼쳐진 삶 안으로 온전히 들어갈 수 있습니다.

다음 질문들에 답하고 스스로 성찰해보세요.

☐ 매사에 확대하여 해석하고 상처받는 태도는 내 삶과 사람들과의 관계에 어떤 영향을 미치는가?

□ 그 외 어디에 영향을 미치는가?

□ 잘못된 자아를 버리고 참본성으로 돌아간다면 나는 어떤 방식으
  로 나를 표현하고 어떤 일에 열정을 품을 것인가?

□ 내 앞에 새로 펼쳐질 가능성은 무엇일까?

기준을 '나'로 두지 마라

확대 해석하는 습관에서 벗어나면 당신을 둘러싼 환경이 변화하고 다른 사람에게 비난을 받을 때도 상처받지 않게 됩니다. 타인의 말을 그저 하나의 의견으로 자유롭게 취할 뿐이지요.

이는 감정적으로 반응하지 말라는 의미와는 다릅니다. 만약 감정이 치밀어 오르면 거부하지 말고, 마치 엄마가 아기를 사랑스럽게 안아주듯이 그 감정을 껴안고 몸에서 느껴지는 감각에 주의를 기울이세요.

자아 정체성을 긍정적으로 개선하고 나서 그것을 믿으면 된다는 이야기를 하는 게 아닙니다. 망가졌다고 생각하던 자아가 사실은 그렇지 않음을 기적적으로 발견해야 한다는 얘기도 아닙니다. '나'라고 불리는 자아가 그저 생각과 감정의 집합에 불과하다는 사실, 그리고 이런 생각과 감정이 당신의 참본성 자체에서 생겨나는 대상에 불과하다는 사실을 깨달을 때 비로소 고통에서 벗어날 수 있습니다. 개별 자아를 구성하는 신념이 거짓임을 깨달을 때 다른 곳에 주의를 돌리고 진짜 '나'는 무엇인지 찾아 나서게 되기 때문입니다.

모든 일을 자기 위주로 확대 해석하여 고통받는 문제를 간단히 해결하는 방법은 그런 생각 자체를 멈추는 것입니다. 오랜 시간 잘못 구축한 신념 때문에 가끔 부정적인 감정에 사로잡힐 때도 있겠지만, 대개는 잡념에 흔들리지 않고 깊은 안도감을 경험할 것입니다. 당신은 시간을 초월한 무형의 의식 공간에 머물면서 모든 것에 열린 마음을 갖게 됩니다.

의식 자체가 '나'임을 곧장 깨닫지 못하더라도 걱정하지 마세요. 당신은 이미 자기 안에 힘을 가지고 있으니까요. 잘못된 사고패턴을 조금씩 꾸준히 개선해나가면 그것들의 영향력이 약해져 더는 당신을 속이지 못할 것입니다.

앞서 다룬 치료 원칙을 적용해 조건화된 습관의 정체가 무엇인지 상기하고, 경험 자체를 새롭게 인식할 가능성이 있음을 자각하세요. 그리고 마음 처방전을 적용하면서 고통에서 벗어날 방법을 찾으세요.

이처럼 자기 위주로 상황을 확대 해석하여 상처받는 일에서 벗어나려면 먼저 당신이 '나'라고 믿고 있는 자아의 정체를 파악해야 합니다. 그다음 이 자아는 진짜가 아님을 깨닫고 본질을 알아야 합니다. 당신은 지금 이 순간 모든 것을 반갑게 맞이하는 의식 공간에서 대상이 일어나고 사라지는 것을 경험하고 있을 뿐입니다. 앞서 제시한 치료 원칙과 처방전을 적용해 꾸준히 마음을 훈련한다면 이 깨달음을 얻을 수 있습니다.

이어지는 글에서는 모든 일을 나 위주로 확대 해석하는 자아에서 벗어나기 위한 좀 더 구체적인 방법들을 말해보겠습니다. 이 가운데 어떤 방법이라도 좋으니 꾸준히 마음을 단련하면서 상처 입은 자아와 '나'를 동일시하는 습관을 버리고 자유를 경험하기 바랍니다.

타인을 통제하려는 태도 버리기

자신을 무가치하게 여기는 자아 때문에 고통받고 있다면 자신이 통제할 수 있는 것과 통제할 수 없는 것이 무엇인지 알아야 합니다.

세상에는 우리가 통제할 수 없는 것들이 아주 많습니다. 예를 들어 다른 사람들이 하는 말과 행동은 우리가 통제할 수 없습니다. 나의 행동과 제안을 비난하거나 거절하거나 아무 반응을 보이지 않는다고 해도 어쩔 도리가 없습니다. 우리는 타인과 관련해서는 어떤 것도 통제할 수 없습니다. 심지어 자기 안에 어떤 생각과 감정이 떠오를 때도 마찬가지입니다.

하지만 통제할 수 있는 것이 한 가지 있습니다. 바로 무언가에 대한 관심입니다. 어떤 것들인지 자세히 알아볼까요?

- 어떻게도 할 수 없는 일을 통제하려고 하는 시도 자체를 멈출 수 있습니다.
- 자아가 들려주는 이야기에 귀 기울이지 않을 수 있습니다.
- 마음을 열고 자신의 고통을 껴안을 수 있습니다.
- 생각과 감정의 지배력을 약화시키고 평화로운 의식 공간을 발견할 수 있습니다.

바깥 세계에서 일어나는 일은 당신에 관한 일도 아니고 당신이 어찌할 수 있는 것도 아닙니다. 타인의 태도 혹은 상황이 바뀌기를 기다리기만 하면 괴로움에 빠질 뿐입니다. 그보다는 본연의 지혜가 알려주는 길을 따르세요. 내면의 경험에 주의를 돌려 자신의 반응을 호기심 가득한 시선으로 관찰하십시오. 그래야 자신이 진짜 누구인지 깨닫게 됩니다.

이제 당신을 괴로움에서 벗어나게 해줄 태도를 몸에 익히기 바랍니다. 통제하지 못할 일을 통제하려 들지 않는다면 당신의 의식은 개별 자아를 넘어 한없이 확장될 것입니다. 개별 자아가 속삭이는 생각에 간섭받지 않는다면 다른 사람의 어려움을 이해할 여유가 생길 테고, 그러면 그들이 하는 말과 행동이 당신을 겨냥한 것이 아님을 깨닫게 됩니다. 자신이 생각했던 것이 오해임을 깨닫고 나면 상처받은 자신에게 연민을 느끼게 됩니다.

당신은 이제 어디에도 마음이 얽매여 있지 않습니다. 그러니 무슨 일이라도 가능합니다. 다른 사람과 더 깊이 소통할 수도 있고 끝내 이야기가 통하지 않으면 정중하게 물러날 수도 있습니다. 어떤 것은 괜찮고 어떤 것은 괜찮지 않다고 상대에게 분명하게 선을 그을 수도 있습니다. 어쩌면 삶을 변화시킬 결정을 내릴 수도 있습니다. 무엇을 하든지 그것은 온전한 자아로부터 흘러나오는, 깨어 있는 의식이 지닌 평화이자 힘입니다.

다음 훈련을 통해 당신이 통제할 수 있는 것과 통제할 수 없는 것에 대해 성찰합니다. '내가 받은 상처를 해결하기 위해 그동안 나는 어떤 노력을 했는가?'라는 질문에 깊게 사유하면서 자기 생각을 적습니다.

다 쓰고 난 뒤에는 자신이 쓴 글을 관찰합니다. 당신이 통제할 수 없는 일을 바꾸려고 노력했다면 그 일은 무엇인가요? 반면에 통제할 수 있는 일을 바꾸려고 노력했다면 그 일은 무엇인가요?

그다음에는 깨어 있는 마음으로 상처 입은 감정을 극복하기 위해 할 수 있는 일을 다섯 가지 이상 생각해보세요. 이를 실천하면 자신의 행복을 방해하는 자아를 떨쳐버리고, 현재를 살아가는 즐거움을 찾는 데 도움이 될 것입니다.

과거 사건을 객관적으로 평가하기

내담자 재니스 얘기를 해보겠습니다. 그녀는 45년 전에 돌아가신 어머니를 아직도 잊지 못하고 슬퍼합니다. 상담하는 동안에도 마치 어머니가 어제 돌아가시기라도 한 듯이 서럽게 울면서 어머니가 돌아가신 건 자신의 책임이라고 자책했습니다.

재니스가 가족사를 풀어놓는 동안 저는 그녀가 오해하는 부분이 있고 이치에 맞지 않는 결론을 내렸음을 알게 되었습니다. 그녀는 화목한 가정에서 성장했지만 가족들은 안 좋은 일까지 터놓고 이야기하거나 감정을 나누는 성향이 아니었습니다. 그러니까 어머니의 건강이 악화됐다는 사실을 재니스가 알 길이 없었지요. 게다가 어머니는 재니스가 교사로 갓 임용된 스물다섯 살에 세상을 떠났습니다. 사회생활을 처음 시작한 재니스는 학생들에게 도움이 되는 유능한 교사가 되고자 한창 분주했습니다. 그 나이에 자기 일에 몰두하는 것은 지극히 정상적인 일입니다. 가족들은 재니스가 번듯한 직장을 얻었다며 좋아했고 어머니 역시 교사가 된 딸을 무척 대견하게 여겼습니다.

재니스는 저와의 상담을 통해 자신이 성공적으로 사회생활을 하는 모습을 어머니가 보시고 돌아가셨다는 사실이 얼마나 중요한지 깨달았습니다. 당시에 일어났던 사건의 조각들을 하나하나 끼워 맞추고 나서야 비로소 어머니를 위해 뭔가 더 했어야만 했다는 자책에서 풀려나게 되었습니다. 수십 년 동안 그녀를 짓누르던 죄책감이 사라지자 무거운 짐을 내려놓은 듯 마음이 가벼워졌습니다.

재니스처럼 과거에 일어난 일들 가운데 자신의 잘못으로 여기거나 마음의 상처로 남아 있는 일이 있나요? 그 기억을 오랜 세월 붙들고 있다면 사건의 사실관계를 정확히 살펴보세요. 혹시 간과한 사실은 없는지, 또 당신이 잘못 이해하고 있는 부분이 없는지 생각해보세요. 그다음 다른 관점에서 그 문제를 들여다보세요.

만약 문제를 객관적으로 바라보는 데 어려움이 있다면, 주저하지 말고 신뢰할 만한 친구에게 도움을 요청하세요. 가까운 곳에 있는 심리 상담사를 찾아도 좋습니다.

잘못된 신념 버리기

자신이 붙들고 있는 신념 때문에 자기도 모르게 상황을 확대 해석하고 상처를 받는 경우도 있습니다. 내담자 트루디의 경우가 그러했습니다. 그녀는 실연의 아픔을 이기지 못하고 제게 상담을 받으러 왔습니다. 그녀는 엄청난 상실감과 고통, 버림받았다는 충격과 슬픔에 빠져 있었습니다. 고통의 한가운데에서 비틀거리던 트루디는 상담을 통해 문제를 해결할 실마리를 떠올렸습니다.

트루디를 고통에서 벗어나게 해주려면 먼저 그녀가 이 고통을 어떻게 붙들고 있었는지 알 필요가 있었습니다. 저는 문제 해결의 실마리가 되는 몇 가지 질문을 던졌습니다.

• 당신은 무엇을 붙들고 있었을까요?

- 당신이 대면하고 싶지 않았던 결말은 무엇인가요?
- 당신이 일어나지 않기를 바랐던 일은 무엇인가요?
- 당신의 의식 아래 숨어 있던 기대는 무엇인가요?

트루디는 제가 제시한 질문들에 답하면서 몰랐던 사실을 깨달았습니다. 그녀는 헤어진 애인이 자기에게 더 다정하게 대해야 한다고 믿었고, 이별한 후에도 친구로 남는 게 마땅하다고 생각했습니다. 심지어 그의 가족과도 계속 연락하고 지내야 한다고 생각했죠. 이런 믿음은 결핍을 만들었고, 그녀는 이 결핍을 채워줄 무언가를 끊임없이 갈망했습니다. 그것을 얻지 못하면 마음이 상했습니다. 기대가 채워지지 않으면 그만큼 상처를 받는 것은 당연한 일입니다. 자신이 이런 기대를 품고 있었다는 사실을 발견한 것은 트루디에게 큰 깨달음이었습니다.

트루디는 자신이 품고 있던 믿음을 하나씩 살펴보며 어떻게 하면 이 생각을 내려놓을 수 있는지 질문을 던졌습니다. 우선, 자신이 어떤 생각에 매달려 있으며 그 모습이 주변 사람들에게 어떻게 보일지 머릿속에서 구체적으로 그려보았습니다. 그러고 나서 이 집착을 모두 내려놓으면 어떻게 달라질지 상상했습니다. 실연의 아픔이 여전히 남아 있었지만, 각각의 항목에 '나는 이 생각을 내려놓을 수 있다'라고 결심할 때마다 자신을 붙들고 있던 그릇된 신념을 버리고 현재의 삶을 향해 발을 디딜 수 있었습니다.

트루디는 사건을 올바로 이해하고 나서 마침내 자신의 참본성을 마주하게 되었습니다. 그녀는 홀가분해졌고 더할 나위 없는 평화를 맛보았습니다.

무슨 일이든 자기 위주로 확대 해석하여 상처받고 싶지 않다면, 잠시 삶의 속도를 늦추고 어떤 신념들이 마음속 깊이 숨어 있는지 점검해야 합니다. 이렇게 되어야 한다고, 혹은 이렇게 되어서는 안 된다고 고집하는 신념이 있나요? 다음 항목 중에 당신에게 해당하는 것이 있는지 확인해보세요.

- 누구도 나에게 나쁜 말을 하거나 비난해서는 안 된다.
- 누구도 나를 떠나서는 안 된다.
- 누구도 나에게 거짓말을 해서는 안 된다.
- 누구든 나와 어울리는 걸 좋아해야 한다.
- 누구든 항상 나를 존중해야 한다.
- 누구든 내가 하는 모든 말을 듣고 싶어 해야 한다.
- 삶은 공평해야 한다.

만일 당신이 무의식중에 이런 신념들을 붙들고 있다면 현실이 이에 부합하지 않을 때 피해의식을 느끼게 됩니다. 하지만 자기 안에 이런 신념이 자리하고 있음을 알아차리고 나면 괴로움은 선택 사항임을 깨닫게 됩니다.

생각만 해도 괴로운 상황이 있다면 그 고통의 근원에 어떤 신념이 자리하고 있는지 생각해보십시오. 그다음 이 신념을 붙들고 있는 자기 모습이 어떻게 느껴지는지 머릿속으로 그려보세요. 당신이 그 신념을 내려놓았을 때 어떤 변화가 생길까요?

막연한 소망과 기대로 채워진 협소한 세계를 떠나 '나'라는 자아가 사라진 무한한 실재를 알아차릴 때 삶이 어떻게 달라질지 느껴보기 바랍니다.

'또 다른 나' 포용하기

비이원성을 자각하고 살아간다는 것은 자신을 두렵게 하는 생각이나 감정을 알아차리고, 이것들이 자신을 포박할 수 있음을 깨닫는다는 의미입니다. 생각이나 감정을 무분별하게 사실로 받아들이지 말고, 먼저 그것들을 탐구하고 참된 의식 공간에서 마주해야 합니다. 그러면 나와 만물을 조건 없이 감싸는 의식 안에서 자연스럽게 생명을 펼쳐가게 됩니다.

조건 없이 사랑하는 일은 경이롭고 숭고합니다. 하지만 사람들과 관계를 맺으면서 상황이 복잡해지면 그 의미가 달라집니다. 설령 사람들과 다투지 않고 화목하게 지내고 싶어도 우리가 실재라고 믿고 살아가는 형상의 세계에서는 상대적 실재가 존재합니다.

누구나 상처를 받고 다른 사람에게 상처를 줍니다. 넘어지는가 하면 일어나기도 합니다. 관계를 고치거나 다시 결합하는가 하면, 결국 떠나기도 합니다. 이것이 인간관계의 본질입니다. 그러면 우리는 어떤 마음으로 관계를 맺고 유지해야 할까요? 어떻게 하면 무한한 의식 세계에 머물며 사람들과 함께 살아갈 수 있을까요? 이는 간단히 답할 수 없는 문제입니다. 우선은 삶의 속도를 늦추고 참자아에 계속 머물며 주의 깊게 관계를 맺고 유지해나가야 합니다.

인간관계에 대한 주제를 본격적으로 다루는 것은 이 책의 범위를 벗어납니다. 따라서 여기서는 핵심만 짚도록 하겠습니다. 진리에 부합하게 살려면 무엇보다 지혜의 목소리를 경청하는 기술을 익혀야 합니다. 자의적인 의견이나 기대를 모두 내려놓고 자신이 어떤 답도 알지 못한다고 전제한 뒤 내면의 소리를 경청하세요. 몸을 통해 고요히 흘러나오는 지혜의 소리를 알아차리려면 가만히 귀를 기울여야 합니다. 이성이 가로막고 있는 본연의 직감에 주의를 집중하고 그 직감을 믿고 존중하는 법을 배워야 합니다.

다른 사람의 말을 깊이 경청하십시오. 늘 똑같이 반응하지 말고 매번 새로운 순간을 맞이하는 것처럼 기쁨과 사랑을 보여주세요. 이를 위해서는 과거는 깨끗하게 잊고 현재 일어나는 경험에만 귀를 기울여야 합니다.

여태까지는 다른 사람들을 당신의 부족함과 결핍을 채워주는 수단으로 여겼을지도 모릅니다. 하지만 이제 당신은 아무것도 부족하지 않은 온전한 존재로서 그들과 함께할 수 있습니다. 참본성은 현상과 실재가 하나라는 의식 자체입니다. 누구도 이 진리로부터 분리될 수 없습니다. 당신이 보는 모든 사람이 곧 당신 자신입니다. 여기서 당신이라는 말은 개별 자아를 가리키는 것이 아니라 형상이 없고 깨끗한 참자아로서의 '당신'을 가리킵니다. 이 앞에서 선의와 사랑이 충만하게 흘러나옵니다.

자기만의 감옥에서 빠져나오면 모든 사람이 고통당하고 있음을 알게 됩니다. 나 아닌 다른 사람들도 기쁨과 행복을 경험하고 싶어 한다는 것을 깨닫게 되지요. 나 자신을 개별 존재로서 경험할 때 다른 사람들은 나의 적이자 위협이 됩니다. 하지만 나와 만물이 하나라는 시각으로 세상을 바라보는 순간 개별 자아로서 겪는 고통은 흩어져버립니다. 사람들과 마찰을 일으키지 않고 관계를 풀어나갈 길은 분명히 있습니다. 두려움을 버리고 열린 마음으로 반응해보세요.

마지막 장에서는 비이원적 가르침에 충실한 삶을 살아가는 것에 대한 이야기를 해보려 합니다. 인간의 몸은 두려움에 민감하게 반응하도록 설계되어 있고, 세상은 협소한 자아 정체성을 지닌 사람들로 가득합니다. 이런 세상에서 어떻게 사랑과 열린 마음으로 살아갈 수 있을까요?

오늘의 미션은 밖에 나가는 것입니다. 카페나 쇼핑몰 같은 공공장소로 가 잠시 앉아서 개별 자아를 벗어나 의식 자체가 되는 연습을 해보세요. 아무것도 감추거나 숨기지 말고, 자신을 온전히 비웁니다. 그다음 주변에 있는 한 사람 한 사람이 모두 무한한 전체 의식의 일부분이라는 사실을 인식한 뒤, 모든 사람을 하나로 껴안아보세요.

그런 다음 가까운 지인들을 떠올리며 이 과정을 반복한 뒤 어떤 느낌이 드는지 자유롭게 적어보세요.

10장

두려움이 삶을 가로막지 못하게 한다

내담자 줄리는 힘든 유년기를 보냈습니다. 그녀의 어머니는 항상 그녀의 삶을 통제하려 들었습니다. 줄리는 판단력이 뛰어난 아이였지만 어머니는 그녀가 하는 생각이 틀려먹었다고 비난하고 서슴없이 모욕을 주었습니다. 줄리는 40대에 들어선 후에도 여전히 자신의 판단력을 믿지 못했습니다. 성장기에 적잖은 충격을 받은 탓에 혹시 다른 사람을 실망하게 할 만한 말이나 행동을 할까 봐 두려움에 떨었고, 다른 사람들이 하는 비난을 스펀지처럼 곧이곧대로 흡수하면서 힘들어했습니다.

줄리는 저와 함께하면서 자신의 내면 안에 있는 본연의 지혜가 아름답게 피어나는 과정을 경험했습니다. 그리고 이 지혜를 신뢰해도 좋다는 사실을 깨닫게 되었지요. 이를 배우기까지는 적잖은 시간이 걸렸습니다. 하지만 이제 그녀는 본질을 더 명확하게 이해하게 되었고, 사람들이 하는 말에 관심을 주지 않고 자신에게만 집중할 수 있게 되었습니다.

그녀는 불안해질 때마다 심호흡을 하고 호흡 자체에 집중하며 불안을 초래하는 생각이 허구임을 기억했습니다. 마음에 일어나는 생각에 관심을 끊고 긴장감이 줄어들자 '나'라는 분리된 자아가 자기를 비판하는 얘기를 해도 마음이 흔들리지 않았습니다. 아이들에게 든든한 엄마가 되었고, 자신을 힘들게 하는 사람들과는 적정한 거리를 유지했습니다. 뭔가를 결정할 때는 다른 사람들뿐 아니라 자신의 행복도 고려하게 되었습니다. 현재 그녀는 몸도 마음도 훨씬 건강해졌습니다. 이 같은 변화를 곁에서 지켜본 시간들은 제게도 참으로 소중한 기억으로 남아 있습니다.

이 변화는 당신에게도 일어날 수 있습니다. 자신이 망가지고 부족하다고 말하는 자아에서 벗어나고 싶다면 이제부터라도 한 걸음씩 차근차근 단계를 밟아보세요. 치료 원칙과 마음 처방전을 통해 자신의 경험에 주의를 돌리고 따뜻한 시선으로 그것을 관찰해야 합니다.

처음에는 실수도 하고 어떻게 해야 할지 잘 모를 때가 많을 겁니다. 조건화가 지닌 속성 탓에 과거와 똑같은 감정에 사로잡히는 경험을 수없이 반복할 것입니다. 하지만 한 가지 분명한 사실은 당신의 참본성은 평화로움 자체라는 것입니다. 자신을 제한하는 자아로 살지 않아도 되고, 그런 자아가 초래하는 고통을 겪지 않아도 된다는 사실을 깨닫게 될 것입니다. 매 순간 알아차림이라는 안전한 안식처로 관심을 돌리세요. 알아차림에 머물면 개별 자아는 힘을 잃고 사라집니다. 괴로움을 겪는 것은 필수가 아니라 선택 사항입니다.

두려움은 어디에서 오는가

자신을 무능하다고 여기는 신념은 두려움에서 비롯됩니다. 두려움은 우리가 참본성을 만나지 못하도록 방해합니다. 두려움에는 끝이 없습니다. 우리는 실패를 두려워하기도, 성공을 두려워하기도 합니다. 또 실수를 두려워하고, 버림받는 것을 두려워하고, 자기가 쓴 가면이 들통날까 봐 두려워합니다. 긴장을 풀고 자유롭게 행동해서는 안 될 것 같다는 경계심에 사로잡히지요.

이 감정의 정체를 알면 여기서 벗어나는 데 도움이 됩니다. 만약 두려움이 무의식 깊숙이 자리 잡고 있다면 무엇을 어찌할 줄도 모른 채 위기에 놓이게 되지만, 두려움을 자각한다면 이를 대하는 태도가 달라집니다. 두려움을 느끼되 거기에 의문을 제기하고 그 힘을 약화해 삶을 즐기는 데 집중할 수 있습니다.

두려움은 특정한 의미가 담긴 문자의 집합에 불과합니다. 우리 몸에서 느껴지는 신체 감각, 그리고 마음에서 일어나는 왜곡된 사고패턴에 붙여진 이름일 뿐이지요. 먼저 두려움이 무엇인지 그 정체에 관해 더 자세히 살펴보겠습니다.

몸이 느끼는 두려움

몸이 느끼는 두려움은 뇌에서 시작합니다. 뇌는 조금이라도 위협을 느끼면 곧장 방어 태세에 들어가고 생존을 보장하는 데 필요한 명령을 내립니다. 감각 기관은 그 명령에 따라 보고, 듣고, 맛을 보고, 촉감을 느끼고, 냄새를 맡으며 세상에서 일어나는 현상을 인지한 뒤 위험 요소를 감지하면 곧바로 경보를 울리고 신호를 보냅니다. 이 신호가 뇌의 시상하부에 전달되면 자율신경계는 맞서 싸우거나 달아날 태세를 갖춥니다.

자율신경계가 민감해지면 우리 몸에 어떤 반응이 일어나는지 우리도 잘 알고 있습니다. 예를 들어 어두컴컴한 계곡에서 별안간 시커먼 형상이 튀어나왔다고 해봅시다. 이럴 때는 심장 박동 수가 치솟고 근육이 팽팽하게 긴장하고 심할 경우엔 배가 아프기도 합니다.

스스로 무가치하다고 믿으며 살아가는 사람은 신체적으로 과민한 상태를 만성적으로 겪게 됩니다. 자율신경계가 종일 요란하게 경고음을 울리는 수준은 아니지만, 일정 정도의 불안감이나 근육 긴장이 지속됩니다. 긴장감은 흔히 관자놀이나 턱, 목, 가슴 부위에서 나타납니다. 이를 '스트레스'라 부르기도 하죠. 설령 그 위협이 상상에 불과할지라도 몸은 실제로 위협에 처한 것처럼 반응합니다.

따라서 근육이 언제 수축하는지 관심을 가질 필요가 있습니다. 신체 감각의 긴장감은 '나'라고 불리는 개별 자아가 느끼는 단절감이기 때문입니다. 두려움이나 불안감 때문에 생기는 신체 감각을 곧바로 알아차릴 수 있다면, 주의를 옮겨 알아차림에 머물면서 몸의 감각을 반갑게 수용할 수 있습니다. 두려움이 감소하고 의식이 확장되면 한층 이완된 상태에서 여러 감각을 맞이할 수 있습니다.

호흡은 몸의 감각에 주의를 집중하는 데 도움을 줍니다. 초조하거나 두려울 때 호흡을 의식하면 생각에 관심을 끊고 내면에 온전히 집중할 수 있습니다. 천천히 숨을 마시고 내쉬면서 호흡에 집중하세요. 몸이 차분해지고 긴장이 이완되면 자율신경계도 안정됩니다.

저 역시 헤아릴 수 없이 많은 시간을 두려움과 불안함에 시달렸습니다. 저는 괴로움의 이유를 관찰하기 위하여 이런 감정을 느낄 때마다 의자에 앉아서 의식 공간으로 들어가 그 감각을 맞이했습니다. 그리고 이전까지 알아차리지 못했던 수많은 감각을 마주했습니다.

이 훈련을 한다고 해서 불안감과 두려움이 모두 사라지는 것은 아닙니다. 그러나 이는 중요하지 않습니다. 감각이 일어날 때마다 의식 공간에서 그것들을 맞이할 수 있기 때문입니다. 그리고 나면 미래를 향한 목표나 기대로 마음이 흔들리지 않는 상태가 되고, 이 순간 당신에게 펼쳐지는 삶을 온전히 누리게 됩니다.

두렵거나 긴장되거나 불안할 때 호흡으로 마음을 훈련하세요. 가만히 앉아서 네다섯 차례 들숨과 날숨을 의식하며 자기에게 자연스러운 리듬에 맞춰 호흡합니다.

그다음 다시 주의를 옮겨 고요하고 흔들림 없는 의식 공간에 머뭅니다. 여기서 모든 신체 감각을 있는 그대로 수용하며 모든 만물을 껴안는 순수 의식과 하나가 되어보세요.

이 훈련은 어떤 목표를 달성하기 위한 것이 아닙니다. 따라서 언제까지 끝내야 한다는 정해진 원칙은 없습니다. 느낌에 따라 원하는 만큼 이 의식에 머물러도 좋습니다. 불안감을 느낄 때마다 의식적으로 호흡하고, 어떤 감각이 떠오르든 그대로 수용해보세요.

마음이 느끼는 두려움

마음속에서 흘러나오는 두려움의 목소리는 위험으로부터 자신을 보호하기 위한 장치이기도 합니다. 아무도 앞으로 무슨 일이 벌어질지 정확히 알 수 없으며, 두려움에 빠진 뇌는 미지의 영역을 무서워합니다. 그래서 뇌는 장차 일어날지도 모를 부정적인 사건에 대해 무서운 이야기를 끝도 없이 만들어내고 가상의 위험에 반응할 태세를 갖춥니다.

내면에 있는 목소리가 당신을 비판하고 할 수 없는 일과 해내지 못할 일에 관해 이야기하나요? 이는 실패로부터 자신을 보호하려는 행위입니다. 다른 사람들이 어떻게 반응할지 늘 노심초사하고 상대에게 거절당할 게 분명하다는 두려움 속에 살아가나요? 이 역시 두려운 마음이 고통을 피하기 위해 선택한 전략 중의 하나입니다.

그런데 이따금 두려움이 도움이 되기도 합니다. 두려움이 일으키는 신체 반응과 생각은 당신 주변에서 벌어지고 있는 문제를 파악하게 해줍니다. 저 역시 두려움을 느끼고 있음을 자각하면 혹시 조심해야 할 문제가 있는지 점검하고 필요한 조치가 있다면 실행합니다. 하지만 대개는 제 몸에 각인된 조건화된 사고의 앙금에서 비롯한 감정일 가능성이 크기 때문에 두려운 생각에서 관심을 돌려 감각 자체를 수용하는 훈련을 합니다.

두려운 마음은 상상할 수 있는 모든 부정적 결과로부터 자신을 보호하려고 만들어낸 생각으로 이루어집니다. 이런 생각을 사실로 믿을 때 괴로움에 빠지게 됩니다. 따라서 두려움에서 나온 생각이 마음을 장악하려 들 때 그 순간을 포착할 줄 알아야 합니다.

걱정

걱정은 두려움의 또 다른 얼굴입니다. 무슨 일이 일어날지 모르는 미래를 통제하고 싶어 하는 마음이지요. 걱정은 불안감을 만들어냅니다. '나쁜 일이 일어나면 어떡하지?', '문제가 생기면 어떻게 처리하지?', '그 사람이 무슨 말을 할까?' 하면서 말이죠.

한번은 요가 스튜디오에서 첫 수업이 시작되기를 기다리다가 한 여성과 이야기를 하게 되었습니다. 그녀는 제게 계속 질문을 쏟아냈습니다. "여기 수강생은 얼마나 되나요? 선생님은 어떤가요? 점심시간은 몇 시부터 몇 시까지인가요?" 이 모든 질문에 저는 "몰라요"라고 답할 수밖에 없었습니다. 미지의 영역에 대해 그녀가 겪는 두려움이 느껴져 마음이 짠하기까지 했습니다.

미래에 대해 걱정하는 마음은 장차 펼쳐질 삶을 무작정 불신하고 의심하게 합니다. 이럴 때는 앞으로 무슨 일이 일어날지 알 길이 없다는 사실을 기억하세요. 미래를 알고 싶어 하는 마음 자체는 인정하지만 거기서 관심을 돌려야 합니다. 그리고 의식 자체에 머물면서 그 안에서 어떤 경험을 하든지 열린 마음으로 맞이하며 미래를 걱정할 때의 마음과 어떻게 다른지 느껴보세요. 알아차림에 머물며 지금 이 순간 펼쳐지는 생명력과 하나가 될 때 삶을 두려워하는 마음이 사라집니다.

'못 할 거야'라는 생각

두려운 마음은 우리를 보호하려고 늘 "못 해요"라고 이야기합니다. 하지만 자기를 스스로 제한하는 자아가 하는 이야기를 사실로 믿는다면 우리는 더 나아갈 수 없게 됩니다. 새로운 아이디어나 해결 방향을 제대로 고려하기도 전에 그 일이 실패할 수밖에 없는 오만 가지 이유가 떠오를 테니까요. 당신을 들뜨게 하는 새로운 가능성이 생겨도 아마 이렇게 생각할 것입니다. '나는 성공하지 못할 거야. 그 일을 어떻게 해야 하는지 알 턱이 없잖아. 나 같은 게 감당할 일이 아니야'라고 말이죠.

이럴 때는 당신이 언제, 어떤 식으로 "못 해요"라고 이야기하는지 관찰하면 많은 도움이 됩니다. 익숙한 환경에서 벗어나 새로운 것을 시도할 때 어떤 생각이 떠오르는지 성찰해보세요. 못 할 거라는 두려움이 밀려올 때 몸에서 느껴지는 긴장감을 자각하고, 이 감각을 있는 그대로 따뜻하게 맞이하세요. 당신의 마음은 그저 당신을 보호하려고 노력하는 것뿐이니까요.

이제 "할 수 있어"라고 말하는 훈련을 해봅시다. "그래, 난 할 수 있어. 한번 해보자. 이 순간 펼쳐질 경이로운 일들을 온전히 받아들이겠어"라고 되뇌어보세요.

'못 해요'라는 생각은 우리를 틀에 박힌 패턴에 머물게 합니다. 여기에서 벗어나 '할 수 있어'라는 생각을 가지고 모든 것을 있는 그대로 받아들이는 순수 의식의 속성대로 살아가야 합니다.

자기 의심

제 블로그 글에 어떤 분이 달아준 댓글에는 자기를 의심하는 고통이 잘 드러나 있습니다. 댓글은 다음과 같습니다.

"저는 끊임없이 저를 의심하며 살고 있습니다. 제가 진짜로 원하는 것은 얻을 수 없다고 믿어요. 머릿속에서는 매일 저 자신과의 싸움이 벌어집니다. 아마도 사람들에게 거절당하고, 잊히고, 사랑받지 못하리라는 두려움 때문이겠죠. 너무 고통스러워서 손에 잡히는 대로 책도 읽어봤지만 달라지지 않았어요. 주변에 도움을 요청해도 다들 제가 생각이 너무 많은 거라고 하더군요. 저는 어떻게 해야 행복해질지를 생각해요. 하지만 아무것도 효과가 없어요."

자기 의심은 자신을 마비시킵니다. 생각하고 또 생각하느라 정작 행동에 나서기를 두려워합니다. 머릿속은 '내가 틀렸으면 어떡하지?', '만일 효과가 없으면 어떡하지?'라는 생각으로 분주합니다.

두려움에서 비롯된 모든 생각이 그러하듯, 자기 자신을 의심하는 생각은 사실과 일치하지 않습니다. 만일 여기에 빠져 있다면 당신은 영원히 거짓에 발이 묶일 것입니다. '이렇게 해야 할까? 아니면 저렇게 해야 할까?'라는 질문에 영원히 답하지 못할 것입니다.

자기 의심을 버리고 평화를 얻는 길은 이런 불안한 생각에 대한 관심을 끄고 순수 의식 공간 안에서 두려운 감각을 있는 그대로 반겨주는 것입니다. 그러면 당신은 자유로운 삶을 경험할 수 있습니다. '나는 무엇을 해야 하나?' 이 질문을 떠올린 뒤, 내면에서 어떤 답이 나오는지 가만히 경청해보세요.

공포

어느 날 아침, 저는 문득 날마다 공포감에 사로잡혀 살고 있음을 깨달았습니다. 눈만 뜨면 마음이 무겁고, 하루를 시작도 하지 않았는데 그날 무슨 일이 일어날지 벌써 두려웠습니다. 무슨 일이 일어날지는 모르지만 실망스럽고 화가 날 만한 일일 게 분명하다고 생각했지요.

자격지심에 빠져서 왜곡된 렌즈를 통해 세상을 보면 삶은 무거울 수밖에 없습니다. 아마 온종일 온갖 부정적 생각으로 가득 찬 검은 구름을 짊어지고 다니는 기분일 것입니다. 그런데 자기 안에 이런 공포감이 있음을 알아차리고 이 감각을 의식 공간에서 맞이하면 공포에 반응하는 방식이 달라집니다. 공포가 사라지기를 바라거나 거부하는 대신 이 감각을 향해 반갑게 인사할 수 있지요.

자기 안에 공포가 있음을 알아차렸다면 이를 그대로 느끼면서 몇 분 동안 심호흡을 한 뒤 하루를 시작하세요. 시간이 지나면 공포감이 어느새 사라졌음을 깨닫게 됩니다. 사실 공포가 사라졌는지 아닌지는 중요하지 않습니다. 공포에 반응하는 방식이 변했다는 사실만으로도 마음의 자유를 찾을 수 있습니다. 이는 당신에게도 가능한 일입니다.

두려움이 당신의 사고에 어떤 영향을 미치는지 성찰해보는 시간입니다. 다음 질문에 차례대로 답해보세요.

☐ 나는 어떤 식으로 걱정하는가?

□ 나는 어떤 경우에 "아뇨, 저는 못 해요"라고 말하는가?

□ 나는 어떤 식으로 자신을 의심하는가?

□ 나는 어떤 식으로 공포를 경험하는가?

다 적은 뒤에는 기록한 내용 중 자기 자신에 대해 정확히 기술했다고 생각하는 것을 몇 가지 추려서 그것들을 치료 원칙과 마음 처방전에 적용해보십시오. 마음이 동요할 때마다 반복해서 의식 자체에 주의를 돌립니다.

불안감에 휩싸이지 않으려면

두려움은 스스로 무능하다고 여기게 하는 주요한 원인입니다. 두려움에 사로잡히면 우리 마음은 부정적인 생각으로 가득 찹니다. 두려운 생각에 몰두해서 알 수 없는 것을 알려고 노력할 때는 지금 이 순간 우리 앞에 펼쳐져 있는, 존재한다는 사실 자체의 아름다움을 놓치게 됩니다.

두려운 생각은 합리적 증거도 없이 최악의 상황을 가정하거나 추측합니다. 두려움은 당신이 느긋한 마음으로 행복하게 지내거나 자신이 정한 한계를 넘어 성공하기를 원치 않습니다. 계속해서 최악의 시나리오를 떠올리며 경계하고 자신을 안전하게 지킬 수 있기를 바랍니다.

그런데 여기서 말하는 '당신'은 누구일까요? 바로 분리된 개별 자아를 의미합니다. 개별 자아는 자신이 육체의 한계를 지닌다고 생각하고, 머릿속에서 흘러나오는 생각들이 곧 자기 자신이라고 믿습니다. 하지만 개별 자아를 이루고 있는 한계 너머에는 무한한 의식 공간이 있습니다. 이 의식 공간은 생존에 대한 두려움이나 자신을 지켜야 할 필요성에 전혀 영향을 받지 않습니다. 그저 존재함 자체일 뿐이지요. 의식의 실재가 참된 집임을 알고 나면 두려움은 우리를 방해할 지배력을 상실합니다.

두려움에 관한 한 가장 좋은 반응은 "저야 모르죠"라고 답하는 것입니다. 자신이 겪고 있는 두려움에 대해 "취직이 될지 안 될지 저는 모릅니다", "외톨이 신세가 될지 안 될지 저야 모르죠"라고 답해보세요.

"저야 모르죠"라고 말하는 순간 두려운 생각에서 관심을 돌리게 됩니다. 또 알지 못함을 고백하고 나면 섣불리 기대하고 추측하는 마음이 만들어낸 두려움이 사라지고 상상도 하지 못했던 무한한 가능성의 문이 열립니다.

상상 속에 존재하는 두려운 미래에 대한 관심을 끊으면 현상과 대상을 전혀 다르게 보고 느낄 수 있습니다. 자신이 어떤 모습으로 보일지 신경 쓰거나 상대에게 거절당할 것을 걱정하지 않게 됩니다. 두려운 생각에 더는 장악당하지 않게 되면 그만큼 이 순간의 경험을 신선하게 느끼고 받아들일 수 있습니다. 또 감사한 마음으로 경이로운 삶을 즐길 수 있습니다. 그리고 새롭고 창의적인 아이디어를 생산할 힘을 회복하죠.

지금 말한 경험은 두려움에 압도되어 그동안 보지 못했을 뿐, 언제나 우리 앞에 열려 있습니다. 다만 두려움이 다시 엄습할 가능성은 있습니다. 두려움은 인간의 자율신경계에 심어져 있는 감정이기 때문입니다. 하지만 알아차림 속에 오래 머무는 훈련을 하면 두려움이 주는 영향력은 서서히 약해질 것입니다.

당신이 누구인지는 어떤 생각이 결정하는 게 아닙니다. 알아차림에 몰입하면 마음에 떠오르는 생각과 감정이 사실이 아니라는 것을 모를 수가 없게 됩니다. 이원성의 허상을 간파하고 나면 더는 세상을 위험 요소가 가득 찬 곳으로 보지 않게 됩니다. 당신은 무엇을 경험하든 열린 마음으로 반갑게 맞이하게 될 것입니다.

두려움에서 열린 마음으로, 이원성에서 비이원성으로 관점이 바뀌면 일상생활에 큰 변화가 생깁니다. 실재를 깨달으면 물 흐르듯 자연스럽게 행동하며 두려움에 영향받지 않게 됩니다.

제 내담자들의 사례를 들어볼까요? 다른 사람의 이야기를 들어주는 것이 두려워서 항상 달아나곤 했던 론은 남들이 자신의 생각을 얘기할 때 깊이 경청할 수 있게 되었습니다. 따돌림받는 게 두려워 항상 필요 이상으로 친구들을 챙기는 데 시간을 쏟던 매들린은 자기 자신의 창작 욕구와 모험 욕구를 발견하게 되었습니다. 루시는 사랑받지 못할 거라는 생각에 다른 사람들을 만나지 않고 지냈지만, 이제는 어떤 모임에서든 주도적으로 행동하며 행복하게 살아가고 있습니다.

자격지심과 부정적 사고의 껍데기를 깨고 나온 후 당신이 하는 행동이 얼마나 바뀔 수 있을지 상상해보세요. 이는 목표에 따른 행동이 아닙니다. 즉 무엇을 할지 생각해서 하는 게 아닙니다. 생각을 초월한 존재 자체가 자신을 표현할 때 자연스럽게 나오는 행동입니다. 이런 행동은 그 본성상 자애로운 마음에서 나오기 때문에 모든 사람과 모든 사물을 이롭게 합니다. 무엇을 해야 할지 몰라도 됩니다. 그저 자연스럽게 나오는 행동에 따르면 됩니다.

두려움을 없애는 방법을 연습해봅시다. 물음에 대한 답을 적어도 좋고, 그냥 생각만 떠올려도 괜찮습니다.

☐ "안 될 거야", "못 할 거야"라고 말하던 습관에서 벗어나 "무슨 일이 일어날지 저야 모르죠"라고 되뇌어보세요. 알지 못한다고 말할 때의 경험을 몸과 마음으로 천천히 느껴보세요.

☐ 그동안 억눌러왔던 어떤 충동이나 움직임이 자연스럽게 흘러나오려고 하나요? 이를 자연스럽게 표출하기 위해 당신은 어떤 행동을 하고 싶은가요?

☐ 내면에서 흘러나오는 열정을 느끼는 것은 어떤 기분인가요?

모든 과정이 끝나면 눈을 감았다가 뜨고 당신 앞에 어떤 대상이 떠오르든지 그것을 처음 대면하는 것처럼 대해보세요.

내면을 차분하게 만드는 다섯 가지 기술

이원성이라는 허상 그리고 '나'라는 분리된 자아가 만들어내는 허상에서 깨어나면 자신의 참본성이 드러납니다. 그런데 이런 경험을 했더라도 어찌 보면 바뀐 게 아무것도 없다고 느낄지도 모릅니다. 거울을 들여다보면 늘 보던 똑같은 얼굴이 보이고, 늘 하던 대로 하루를 시작하겠지요.

하지만 이것은 뿌리가 송두리째 바뀌는 변화입니다. 오랜 세월 함께해온 분리된 자아가 사라졌기 때문입니다. 전보다 훨씬 여유를 느끼게 되고, 자기를 의심하거나 비관하는 일에 빠져들지 않게 됩니다. 모든 문제에 대해 해답을 알려고 애쓰는 개별 자아는 이제 더는 필요치 않을 것입니다. 자신의 감정을 잣대로 삼아 문제를 판단하지 않는 것, 이것이 우리를 지배하는 마음에서 자유를 찾는 방법입니다.

쓰라리고, 화나고, 슬픈 감정을 일으키는 경험을 할 때도 마찬가지입니다. 이래야 한다든지 이래서는 안 된다든지 하는 기대가 없으니 모든 감정을 거부하지 않고 온전히 받아들일 수 있죠. 살다 보면 조건화된 생각에 사로잡히기도 할 테지만 그것이 자신의 참모습이 아님을 곧 깨닫게 됩니다. 그 생각은 왜곡된 데다가 당신의 모습을 온전히 규정하지 못한다는 사실을 잘 알 테니까요.

치료 원칙과 마음 처방전은 개별 자아를 초월하는 의식인 참된 집으로 돌아가는 데 중요한 바탕이 됩니다. 하지만 조건화된 사고는 워낙 강력해서 쉽게 사라지지 않으므로 다음 지침을 통해 마음을 좀 더 훈련하기 바랍니다. 이 가운데 마음에 드는 방법만 택해도 좋으니 조건화된 사고가 자연스럽게 떨어져 나가서 사라질 때까지 적용하기 바랍니다.

질문하기

'만들어진 자아'에 붙잡혀 꼼짝 못 한다는 기분이 들면 질문을 던져보는 것이 좋습니다. 적절한 질문은 불행을 잠시 잊게 해주는 치료제와 같습니다. 당신이 불행하다고 느끼는 이유는 마음에 떠오르는 생각을 사실로 믿기 때문입니다. 하지만 질문을 던지면 그 즉시 당신은 뭔가를 알고 있는 게 아니라 알지 못하는 상태가 됩니다.

이 훈련은 맞춘 정답 개수에 따라 평가를 받는 학교 시험이 아닙니다. 열린 마음과 호기심을 품고 모든 것을 수용하는 의식 공간을 찾아나가는 일입니다. 떠오르지 않는 답에 애써 답하려고 하지 말고 질문을 던진 뒤 어떤 일이 일어나는지 관찰하면 됩니다.

가만히 앉아서 몇 차례 심호흡을 합니다. 그런 뒤 다음과 같이 질문을 제기해보세요. 질문을 천천히 하나씩 읽고 답한 뒤, 잠시 시간을 두고 관찰해보세요.

- 지금 이 순간 내 안에서 가장 활력이 넘치는 것은 무엇인가?

- 내게 도움이 되지 않는 것은 무엇이고, 이 중에 지금 당장 포기할 수 있는 것은 무엇인가?
- 내가 사실로 믿는 것 중에 거짓된 신념은 무엇인가?
- 내가 회피하는 것 중에 관심을 기울여야 하는 것은 무엇인가?
- 지금 이 순간 일어나고 있는 일에 대해 "좋아!"라고 말할 수 있는가?
- 지금 이 순간 내 몸에서 일어나고 있는 감각을 반길 수 있는가?
- 인생은 내게 무엇을 요구하는가?
- 하던 일을 멈추고 가만히 호흡하면서 현재에 집중할 수 있는가?
- 나는 누구인가? 혹은 나는 무엇인가?
- 지금 이 순간 여기 있는 것을 온전히 받아들일 수 있는가?
- 나는 지금 어디에 관심을 쏟고 있는가? 이런 행동이 평화를 가져 오는가?
- 어떻게 하면 내가 정말로 원하는 삶을 살 수 있는가?
- 만일 두려움에 휘둘리지 않는다면 무엇을 하고 싶은가?
- 두려움 너머에 있는 생명력은 지금 내가 무엇을 하기를 원하는가?
- 어떻게 하면 이 순간을 온전히 누릴 수 있는가?
- 어떻게 하면 평화를 찾을 수 있는가?

질문을 던지는 일은 조건화된 사고에서 벗어나 삶을 깊이 의식하며 살아가는 길입니다. 조건화된 패턴을 깨뜨리고 그 틈에서 흘러나오는 빛을 느껴보세요. 이 빛은 분리된 자아에서 나오는 것이 아니라 생각 너머에 존재하는 참된 앎에서 나옵니다.

내면의 스승 만나기

우리 마음에서 일어나는 생각은 대부분 현재에서 주의를 돌려 마음이 만들어낸 경계에 관심을 쏟게 합니다. 하지만 생각을 통해 모든 것에 열려 있는 평화로운 의식으로 돌아가는 데 도움을 받을 수도 있습니다.

감정을 경험하는 훈련을 할 때 한동안 제 안에서는 '안으로 들어가라'라는 명령이 계속 떠올랐습니다. 생각에서 주의를 돌려 몸에서 느껴지는 감각으로 들어가라는 의미였습니다. 이 명령이 떠오를 때마다 저는 이 말에 따라 생각에서 관심을 끊고 신체 감각을 알아차린 뒤 이를 수용하도록 노력했습니다. 그러자 '나'라는 개별 자아와 아무 상관이 없는 신체 감각을 있는 그대로 수용할 수 있게 되었고, 그러자 '안으로 들어가라'라는 말이 더는 떠오르지 않았습니다.

내담자 중에 한 분은 '돌아가라'라는 말이 자주 떠올랐다고 합니다. 대상에 대한 관심을 끊고 개별 자아에서 벗어나 '참된 집'인 순수 의식으로 돌아가라는 의미였습니다. 생각이 머릿속에서 맴돌며 좀처럼 떨어지지 않을 때 '그만 놓아 보내라'라는 내면의 소리를 들은 사람도 있었습니다. '그래 이거야!'라는 내면의 명령을 따르고 나서 마음의 갈등을 끝내고 모든 것을 있는 그대로 수용하게 된 사람도 있었습니다.

이제 당신 차례입니다. 당신 안에는 당신을 깊은 진리로 인도해줄 내면의 스승이 있나요? 자격지심에 붙들린 당신을 돕고 싶어 하는 목소리가 하는 말을 가만히 살펴보세요. 만약 아무 말도 떠오르지 않는다면 이 훈련은 건너뛰고 당신이 흥미를 느낄 만한 다른 방법을 시도해도 됩니다.

내려놓기

'내려놓기'는 포기한다는 뜻입니다. 정말로 영원한 평화를 얻을 수 있는지 알고 싶다면 자신이 사실이라고 믿고 있는 모든 것을 내려놓으세요. 이 과정을 통해 협소한 자아가 구축한 세계를 떠나 그 세계와는 비교할 수도 없이 거대하고 무한한 의식 공간을 마주하게 됩니다.

'나'라는 자아가 소중하게 붙들고 있는 것을 상자에 모두 채워 넣는다고 가정해봅시다. 두려움, 기대, 판단, 과거의 기억, 자기를 비판하는 마음, 시시비비를 가리는 마음을 모두 넣어보세요. 자아가 만들어낸 모든 이야기, 그와 관련한 감정들도 넣으세요. 이 생각과 감정이 세상에서 자기를 지키고 생존하도록 도울 때는 존중할 필요가 있지만, 왜곡된 관점으로 나 자신과 세상을 바라보는 렌즈가 될 때는 제거하는 지혜도 필요합니다.

'나'라는 자아를 형성하는 모든 것을 상자에 담았다면 이를 안전한 곳에 치워둡시다. 이제 당신은 자신과 세상 사이에 아무 경계도 없는 현재에 온전히 존재하게 됩니다. 그다음 가만히 느껴보세요. 타인의 고통을 이해하고 불쌍히 여기는 연민의 감정, 아무것도 바라지 않는 너그러움, 자기 안에서 펼쳐지는 생명력을 신뢰하는 마음, 흔들림 없이 세상을 살 수 있는 고요한 마음, 참지혜를 알려주는 조용한 목소리….

이제 상자를 다시 가져와서 뚜껑을 연 뒤 앞으로 어떻게 살고 싶은지 생각해보세요. '나'라는 자아가 만들어낸 부정적인 감정, 방어적 태도, 정체성, 결핍 등을 모두 받아들이고 살 수도 있습니다. 아니면 맑고 탁 트인 의식 공간에 머물 수도 있지요. 어떤 삶에 더 끌리나요?

자기 생각과 감정을 내려놓는 것은 언제든지 가능합니다. 무엇을 붙들고 있든지 그것을 내려놓고 자신의 선택을 믿어보세요. 만일 어떤 결정을 내리려는데 판단이 오락가락한다면 잠시 내려놓고 가만히 내면의 목소리에 귀 기울여보세요. 길을 잃은 듯 혼란스럽다면 정답을 알아야겠다는 마음을 내려놓으세요. 예전과 똑같이 자기비판적 사고패턴에 붙들려 있다면 자신이 누구인지 규정하려고 하는 목소리를 내려놓으세요.

당신은 얼마든지 내려놓기에 능숙해질 수 있습니다. 생각에 대한 믿음, 자신의 감정을 분석해야겠다는 마음에서 주의를 돌리세요. 모든 노력을 한데 내려놓고 지금, 여기에 머문다면 당신은 영원히 평화롭습니다.

신체 감각 느끼기

몸의 감각을 받아들이는 것이 얼마나 중요한지는 다시 강조해도 지나치지 않습니다. 몸은 현존으로 들어가는 출입문입니다. 우리는 마음에 정신이 팔린 나머지 몸에서 일어나는 감각을 번번이 무시합니다.

하지만 신체 감각을 받아들이고 마음에 일어나는 생각에서 관심을 돌려야 이 순간의 실재에 집중할 수 있습니다.

충족되지 않은 채로 오랫동안 억눌린 감각은 '나'라는 자아를 세상에서 분리합니다. 그리고 자아는 이 감각으로 부정적인 이야기를 만들어냅니다. 이 이야기를 모두 배제한 상태에서 그 감각을 있는 그대로 받아들이세요.

감각을 온전히 받아들이는 일은 어떤 경험도 거부하지 않는 것을 말합니다. 또 지금 여기에 있는 무언가와 다투지 않는다는 뜻입니다. 현재의 경험에 저항하지 않고 감각을 있는 그대로 받아들이면 자신이 만들어낸 모든 경계가 소멸합니다.

우리 몸에는 지혜가 담겨 있습니다. 어떤 관념도 달라붙지 않은 감각에 마음을 열면 몸이 사용하는 언어를 배우게 됩니다. 무한한 의식 공간을 알아차리고 그 안에서 몸의 반응을 수용할 때 새로운 세상에 눈이 뜨입니다. 심장 박동 수, 들고 나는 호흡, 근육의 긴장, 음식을 소화하면서 일어나는 미묘한 변화를 알아차려 보세요. 몸 전체를 관찰하며 단단하게 뭉친 근육, 유연함, 미세한 떨림, 무거움, 빈 공간을 느껴보세요. 우리 몸에는 자극에 반응하려는 충동, 즉 의식 밖으로 밀려나 오랫동안 묻혀 있던 감정의 찌꺼기도 있지만 본연의 지혜도 있습니다. 몸이 아는 지혜는 생각에서 나오는 지식이 아닙니다. 마음을 열고 몸의 언어에 귀를 기울이세요.

그다음에는 몸의 감각을 의식하는 알아차림이 자신을 둘러싼 공간

밖으로 확장되게 합니다. 눈을 감으면서 감각에 집중하세요. 감각이 나타났다 사라지는 것이 느껴질 것입니다. 이 감각은 몸이라고 불리는 대상 안에만 한정되지 않습니다. 몸의 경계 너머까지 의식을 확장하면 자유로운 의식 공간을 발견하게 됩니다.

순수 의식을 알아차리기

깨어 있는 마음으로 살아가는 것이 어떤 것인지 다들 경험한 적이 있을 겁니다. 너무 기뻐서 마음이 날아갈 것 같던 순간, 상대방과 아무 장벽 없이 마음이 하나로 이어진 기분을 느꼈던 순간, 웃음이 마구 터져 나오던 순간, 즐거운 경험에 몰입하던 순간…. 누구나 비록 자각하지 못할지라도 모든 생각이 멈추고 그 순간 일어나는 현상과 하나가 되는 경험을 합니다. 이때는 모든 것을 아우르는 존재함 자체만 있고, 어떤 일을 수행하거나 어떤 일이 일어나게 하는 개별 행위자는 존재하지 않습니다. 조건화된 생각을 모두 버리고 깨어 있는 마음으로 현재에 몰두하는 삶은 실로 기쁘고 즐거운 삶입니다.

조건화된 생각과 감정은 한순간 나타났다가 사라지는 대상에 불과합니다. 생각과 감정이 나타나 관심을 끌 때마다 거기에서 물러서야 합니다. 그것들이 내가 느끼는 고통의 원천이니까요. 그리고 평화와 기쁨, 다정함, 감사하는 마음, 행복으로 가득한 지금 이 순간의 경험에 주의를 돌리세요. 당신이 노력하는 만큼 성장하기 마련입니다.

외로울 때나 어둠 속에서 길을 잃었을 때도

그대 안에 거대한 빛이 있음을 잊지 말아라.

— 하피즈 Hafiz

고통은 선택의 문제다

이로써 우리의 여정이 끝났습니다. 우선 저와 함께 이 여정을 무사히 마쳤음을 진심으로 축하드립니다. 당신은 기꺼이 용기를 내어 자신의 내면을 탐사하는 여정에 뛰어들었고, 어째서 괴로움을 겪는지 분석하면서 자기에 대한 진실을 발견할 수 있었습니다. 이제 당신은 그동안 스스로 "나는 무가치하고 하찮은 존재야"라고 말했던 신념이 거짓이며, 자신의 참본성은 찬란하게 빛난다는 사실을 잘 알 것입니다. 당신은 형상이 없고 빛나는 의식, 생명력이 넘치는 살아 있음 자체입니다. 이미 가지고 있는 것 외에 어떤 것도 더할 필요가 없습니다. 당신은 있는 그대로 온전하고 완전합니다. 이것이 당신의 타고난 자아입니다.

사랑으로 충만한 당신의 참본성은 항상 여기에 현존합니다. 하지만 오랜 세월 당신을 규정한 사고패턴은 쉽게 사라지지 않을 것입니다. 언제라도 다시 나타날 수 있으니 마음의 준비를 해두어야 합니다.

조금이라도 마음이 괴로울 때는 치료 원칙을 적용해 지혜를 얻고,

마음 처방전을 실천해나가는 것이 좋습니다. 어떠한 대상에도 얽매이지 말고 의식 자체에 주의를 집중하는 것이 중요합니다. 마음이 흔들릴 때마다 이 과정을 몇 번이고 반복하세요. 현재 경험을 알아차리는 훈련을 생활방식으로 삼아 감사하는 마음으로 즐기세요. 지금 여기에 있는 경험에 온전히 몰입하는 즐거움을 누리세요.

당신이 그토록 바라는 자유를 위해 헌신하는 마음에는 참으로 큰 힘이 있습니다. 제 친구 안젤라는 뜻밖의 계기를 만나 이 힘을 경험했습니다. 반려견이 죽고 나서 크나큰 슬픔에 잠겼는데, 이 슬픔 안에서 놀랍게도 자애의 마음이 솟아난 것입니다. 이는 만물을 사랑하는 데서 생겨난 마음이었습니다. 새로 깨달은 마음이 자신의 삶 곳곳에서 드러날 수 있도록 노력하고 있다는 사연을 제게 들려줄 때 그녀는 밝게 빛났습니다. '나'라는 개별 자아를 초월해 눈부시게 하루를 살아가기 때문이겠지요.

참본성을 찾는 여정에는 끈질긴 헌신이 필요합니다. 자신을 무가치하게 여기는 자아가 주는 고통에서 벗어나기를 원하는 만큼 거기서 헤쳐나올 길을 찾는 데 온 마음을 바쳐야 합니다.

자유를 찾는 길에 정진할 때는 모든 익숙한 것들에 작별을 고하세요. 기계처럼 늘 똑같이 반복하는 행동을 버리고 올바른 앎과 지혜를 깨우쳐야 합니다. 거짓 자아가 만들어낸 모든 이야기 너머에 진짜 '나'가 있습니다. 참자아를 알아가는 일에 온전히 헌신할 때 어떤 기적이 일어날지 궁금하지 않은가요?

마지막으로 괴로움은 선택의 문제라는 이 중요한 메시지를 책으로 전달할 수 있도록 도와준 출판사 직원분들의 진심 어린 지원에 감사드립니다.

그리고 오랜 세월 저와 상담하며 용기와 헌신을 보여주고 고통에서 벗어나기 위해 고군분투했으며, 그 사연을 싣도록 도와준 내담자들에게 감사드리고 싶습니다. 그분들이 걸어온 길은 모든 사람의 각성에 영감을 부여할 것입니다.

옮긴이 이주만

서강대학교 대학원 영어영문과를 졸업했으며, 현재 번역가들의 모임인 (주)바른번역의 회원으로 활동 중이다. 옮긴 책으로는 『끌림』, 『괴짜들의 비밀』, 『탈출하라』, 『다시, 그리스 신화 읽는 밤』, 『처음으로 기독교인이라 불렸던 사람들』, 『심플이 살린다』, 『회색 코뿔소가 온다』, 『사장의 질문』, 『다시 집으로』, 『경제학은 어떻게 내 삶을 움직이는가』, 『나는 즐라탄이다』, 『모방의 경제학』, 『법은 왜 부조리한가』, 『케인스를 위한 변명』 등이 있다.

부정적인 사고패턴에서 벗어나는 방법

삶이 괴롭냐고
심리학이 물었다

초판 1쇄 발행 2019년 5월 13일
초판 4쇄 발행 2020년 6월 12일

지은이 게일 브레너
옮긴이 이주만
펴낸이 김선준

편집1팀장 마수미 **편집1팀** 배윤주
디자인 김세민
마케팅 권두리, 조아란, 오창록, 유채원
경영관리 송현주
표지 일러스트 박솔빛

펴낸곳 포레스트북스 **출판등록** 2017년 9월 15일 제 2017-000326호
주소 서울시 강서구 양천로 551-17 한화비즈메트로1차 1306호
전화 02) 332-5855 **팩스** 02) 332-5856
홈페이지 www.forestbooks.co.kr **이메일** forest@forestbooks.co.kr
종이·출력·인쇄·후가공·제본 (주)현문

ISBN 979-11-89584-24-5 (03180)

포레스트북스(FORESTBOOKS)는 독자 여러분의 책에 관한 아이디어와 원고 투고를 기다리고 있습니다. 책 출간을 원하시는 분은 이메일 writer@forestbooks.co.kr로 간단한 개요와 취지, 연락처 등을 보내주세요. '독자의 꿈이 이뤄지는 숲, 포레스트북스'에서 작가의 꿈을 이루세요.